고구려에서 배우는
경영 전략

고구려에서 배우는 경영 전략

기업가 정신으로 리드한 고구려 700년

석산 지음

북카라반 CARAVAN

어떤 조직이든 도전정신을 빼면 남는 것은 안주와 퇴보뿐이다. 도전정신 속에서 새로운 아이디어와 역동성이 일어난다. 이것이 미국 경제학자 조지프 슘페터가 언급한 기업가 정신이다. 그는 인간의 삶은 파괴적 혁신으로 진보한다고 했다.

이 기업가 정신이 가장 강한 나라가 어디일까? '경영의 구루' 피터 드러커는 바로 한국이라고 했다. 한국은 해방 이후 1세기 이상 뒤떨어졌던 산업화시대를 단숨에 이룩해내고 또다시 디지털시대의 강국이 되었다. 그러고는 방심한 탓인지, 글로벌 기업가정신지수AESI가 하락하고 있다.

그러나 기업가 정신은 한국의 5,000년 역사 곳곳에 스며들어 있는데, 그중 고구려 역사야말로 대표적이다. 사방을 에워싼 중원과 남방, 북방세력의 교차점에서 700년 역사를 지켜냈고 동북아시아의 최강자로 군림하기도 했다.

어떻게 그것이 가능했을까? 온달, 을지문덕 등 서민부터 연개소문 등의 귀족과 주몽, 미천왕, 광대토대왕 등 28명의 왕에 이르기까지 불굴의 정신으로 충만해 있었다.

조선시대의 왕들은 부강한 국가의 비책을 고구려에서 자주 찾았다.

다음은 성종이 인정전에서 선비들에게 책문策問한 내용이다.

"돌이켜보건데 우리는 남방과 북방에서 늘 침략을 받아왔다. 그런데 어떻게 고구려는 수 양제와 당 태종에 대항하고 천하강국이 되었는가? 어떤 인물이 어떤 계책을 내놓았던가?"

창조적 도약의 시대를 살고 있는 우리도 고구려를 볼 때마다 흡사한 의문을 가진다. 별다른 자원도 유리한 입지 조건도 없던 고구려가 어떻게 웅비할 수 있었던가? 이 책은 거기에 대한 대답을 내놓고자 집필되었다. 국가 간 경계가 모호해 격심한 다툼이 잦았던 고구려시대와 산업간 경계가 지워지고 있는 디지털 사회의 공통분모는 '도전'과 '웅전'이다. 길이 없으면 길을 만드는 것이 도전이라면, 기왕에 있던 길도 새롭게 만들거나 버리고 더 나은 길을 만드는 것이 웅전이다.

석산

1

고구려인은
무엇을
꿈꾸었는가

조직이 함께 꾸는 꿈이 있는가

고구려(기원전 37~기원후 668)는 2,000년 역사를 지녔던 고조선의 유민들이 세운 나라답게 한반도 북부를 위시해 만주 벌판을 지배했다. 백제, 신라와 함께 동이족의 후예다. 『구당서舊唐書』에서는 세 나라를 "해동삼국海東三國"이라 칭했는데, 삼국이 서로 맞대어 수시로 의지하거나 다투는 한국 역사의 뿌리라는 것이다.

기원전 108년에 고조선이 멸망한 뒤 뿔뿔이 흩어진 유민들과 선주민들이 결합해 부여, 동예, 낙랑국, 옥저, 마한, 진한, 변한 등을 세우며 열국列國시대가 시작되었다.

이 시기에 철기문화가 전파되면서 철제 무기와 농기구, 어로기구가 개발되고 농어업, 수공업 등

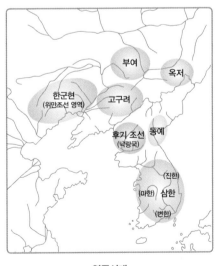

열국시대

산업 전반에 걸친 발전이 시작되었다. 이런 바탕에서 고구려와 같은 초기 국가가 다수 등장한다.

주몽(재위 기원전 37~기원전 19)은 기원전 50년경 고구려를 창건하고 한반도 북부와 만주 지역을 통합해나가기 시작했다. 비슷한 시기인 기원전 57년에 건국한 신라는 진한을, 기원전 42년경 건국한 것으로 추정되는 가야는 변한을 합병한다. 그 후 기원전 18년에 주몽의 양아들 비류沸流와 온조溫祚가 소서노召西奴를 따라 남부로 내려가 세운 백제도 그 지역의 우두머리 나라였던 마한을 흡수했다.

이렇게 한반도와 만주 지역이 고구려, 백제, 신라, 가야의 4국으로 개편되는 과정부터 고구려가 멸망할 때까지 700년간, 고구려는 북방 이민족과 중원의 침탈에서 한반도를 지키는 방파제 역할을 한다. 그뿐 아니었다. 적극적으로 대륙으로 진출해 요동 지배는 물론, 광개토대왕은 북경 너머까지 뻗어나갔다.

고구려가 우리 역사에서 차지하는 힘과 의미는 고구려라는 방파제가 무너진 이후와 이전을 비교해보면 충분히 알 수 있다. 그러한 고구려의 기상과 힘의 원천은 무엇이었을까? 그들은 무슨 꿈을 꾸었기에 그토록 강했을까? 그 꿈을 성취하기 위해 그들은 어떻게 움직였을까?

그들의 꿈은 '다물多勿'로 응축되어 있었다. 고구려말로 옛 영토를 되찾는 것을 '다물'이라 한다. 무엇을 말하고 있을까? 2,000년 동북아시아를 지배했던 고조선의 영광을 회복하겠다는 것이다. 『후한서後漢書』에도 고구려와 예, 옥저가 모두 고조선의 땅이었다고 나온다. 고조선 유민들로 구성된 고구려인들의 평소 열망이 다물이었고 주몽은 이것을 간파한 것이다. 그래서 주몽은 외쳤다.

"나는 천손족天孫族이다."

이 한마디에는 다물을 향한 고조선 유민들의 한恨 서린 집념이 내포되어 있다. 고조선의 왕명인 단군이 바로 '하늘의 후손'이라는 뜻이다. 단군의 한글 이름이 박달 임금인데, 박달은 '밝다'에서 나왔다. 그들은 밝은 태양을 숭배해 임금까지 단군이라 불렀던 것이다. 고구려의 뿌리인 고조선에 태양(밝음)을 숭배하는 태양신화가 있었다. 이 때문에 고구려는 물론 조선까지도 나라 이름에 태양의 나라라는 의미가 담겨 있다. 주몽이 태어났다는 알 역시 태양을 상징한다.

신화는 인류가 청동기시대를 거치며 집단을 형성할 때 생겨났다. 신화라는 공통담론과 기억의 전승을 통해 집단이 결속되었다. 따라서 신화란 비과학시대의 집단 정서를 반영한 희구이며 현대 용어로 '비전'이다.

『삼국유사三國遺事』도 "주몽이 단군의 후손名朱蒙 一作鄒蒙 壇君之子"임을 밝히고 있다. 그러므로 고구려가 중국과 다른 독자적인 연호年號를 사용하는 것은 당연했다. 중국은 기원전 2세기 한 무제漢武帝 때부터 연호를 사용하면서 주변국들에 이 연호를 따르도록 강요했다.

연호란 왕이 즉위한 해를 기준으로 햇수를 계산하는 것이다. 하지만 고구려는 따르지 않았다. 고구려의 건국자 주몽은 독자적으로 연호를 다물이라 했으며, 소수림왕은 건시建始와 태녕太寧, 광개토대왕은 영락永樂, 장수왕은 연가延嘉와 연수延壽, 평원왕은 영강永康이라는 연호를 사용했다. 고구려를 이은 고려의 왕건 역시 천수天授라는 독자적인 연호를 사용했다.

고구려 700년 동안 중국은 35여 개의 나라(한나라-삼국시대-진나라 - 5호16국시대 - 북방민족 - 남북조시대 - 수나라 - 당나라 등)가 명멸했다. 그중 50년 넘게 존속한 나라는 30퍼센트 미만이었으며 대부분 100년도 채 가지 못했다. 고구려처럼 절실하게 공감하는 신화를 공유한 공동체가 장수한다. 공유한 신화는 공동체의 담론이 되고 그 담론으로 경험하고 추구하는 세계가 현실이 되기 때문이다. 고조선의 고토 회복이라는 웅대한 비전이 고구려적 파워의 기반이었고 롱런의 비결이었다.

주몽이 내건 비전처럼 구성원들이 함께 달려갈 방향, 함께 흔들 수 있는 깃발이 조직의 비전이 되어야 한다. 그렇지 않으면 구성원들이 동상이몽同床異夢을 품기 시작하면서 조직은 분열되기 시작한다. 신화, 즉 비전이 구성원들의 공감을 얻으려면 다음 3가지가 중요하다.

첫째, 함께할 수 있는 신화인가? 기본적으로 기업가 정신(앙트레프레너십, entrepreneurship)이란 대안을 제시하려는 엄청난 의욕이다. 지금 상황이 뭔가 불편하고 개선이 필요하다고 본다. 남들이 만들어놓은 길이 아니라 새로운 길을 만들고자 하고 기존의 권위도 얼마든지 틀릴 수 있다고 보고 다른 질서를 만들려고 한다.

그러다보니 기업가들의 실수 중 하나가 구성원들의 공감 형성에 약하다는 것이다. 하지만 혼자만 흥분하는 신화는 몽상에 불과하다. 같이 흥분하고 서로 희망을 줄 때 함께할 수 있는 신화인 것이다.

페이스북 창업자인 마크 저커버그Mark Zuckerberg는 아날로그시대에 국적을 초월해 누구나 갈급했던 친구 찾기와 인맥 교류라는 2가지 키워드로 페이스북을 설립했는데, 두 달 만에 미국 내 대학생들에게 확산되면서 글로벌 기업으로 초고속 성장했다. 이처럼 기업가는 기존 고객의 충족되지 못한 니즈를 기술의 진보를 사용해 어떻게 채워줄지

고민해야 한다.

3D 프린터로 단 하루 만에 집을 짓는 시대를 연 기업가가 있다. 실리콘밸리의 3D 스타트업 카자Cazza의 크리스 켈시Chris Kelsey다. 아직 청년으로『포브스』가 30대 이하 CEO 중 세계에서 가장 주목받는 기업인으로 선정했다.

그는 고교를 중퇴하고 아버지로부터 "평생 루저로 살 것"이라는 질책을 받으면서도 학교 대신 여행을 택했다. 그때 사람들이 안전하고 저렴한 건축을 열망하는 것을 보았고 그 열망이 실현되는 일을 하고자 17세에 카자를 설립한다.

둘째, 조직의 비전이 시대정신zeitgeist과 맞는가? 환경과 조화를 이루는가? 청동기시대 동아시아의 주역은 고조선이었다. 하지만 철기문명을 먼저 받아들인 한나라와 달리 청동기문화에만 안주하다 멸망했다. 이를 잘 아는 주몽은 고조선의 영광을 꿈꾸면서도 그 방식은 시대의 변화에 맞추었다. 철기를 적극적으로 도입해 무기로 사용하고 상업도구로도 활용하면서 고구려가 웅비했다.

주몽 시기의 시대정신의 방향이 차츰 집중화·대형화로 나아가며 21세기 후기 산업화시대까지 지속되어왔다. 앞으로의 시대동향은 권력의 분산화, 과정의 투명화, 사생활의 보안화로 흐르고 있다.

셋째, 구성원들이 리더와 리더의 비전을 받아들이는가? 고구려를 건설할 때 주몽에게 최대의 난관은 고조선 유민의 통합이었다. 망국의 상처가 깊은 대로 깊어진 이들을 어떻게 통합할 것인가? 주몽은 이들을 단숨에 포섭하려고 하지 않았다. 그런 물리적 결합보다 설득과 공감을 통한 화학적 결합을 추구했다. 그들이 자신이 제시한 비전을 가

집단 몰입

↑

단결 ↔ 조직 신화 ↔ 내면화된 행동준칙

↑

상호 정서적 헌신

습으로 받아들일 때까지 마리, 협부 등 수족에게까지 자신을 낮추었다. 그러면서도 한나라 연호를 따르지 않고 독자적인 연호를 사용하며 고구려만의 길을 만들어나갔다. 고조선 유민들에게는 포용력을, 경쟁 상대인 한나라에는 단호한 면모를 보였다.

이런 주몽의 모습에 고조선 유민들이 차츰 주몽과 자신들을 일심동체로 여기기 시작했다. 고조선 유민들이 먼저 주몽을 심정적으로 받아들이면서 주몽이 내세운 조직의 신화도 순기능을 하기 시작했다. 아직 제도와 법이 정착되지 않은 건국 초기에 백성들의 몰입과 단결, 내면화된 행동준칙, 상호 정서적 헌신이 나타나며 나라의 안정에 크게 기여했다.

주몽의 리더십

리더의 비전이 구성원의 강렬한 열망과 일치만 된다면 리더의 비전은 반드시 현실이 된다. 비전이 현실로 이동할 때의 프로세스가 업무다.

주몽이 비류수沸流水(압록강 지류) 유역에서 고구려를 건국하려고 노력할 때 주변에 소노부(비류국), 계루부, 관노부, 순노부, 절노부(연나부)의 부족들이 있었다.

당시 주몽은 동부여에 어머니 유화부인과 잉태한 부인 예씨禮氏를 두고 부하 몇 명과 황급히 망명 온 상태로 계루부에 정착했는데 계루부 족장 연타발이 주몽의 인물됨을 알아보고 과부가 된 딸 소서노와 결혼시켰다. 그리고 족장 자리까지 넘겨주었다. 해상무역에 능한 연타발이 축적해둔 재물과 철기 등이 주몽에게 큰 힘이 된다.

건국 초기에 주몽은 자신의 꿈과 고조선 유민의 열망을 한 덩어리로 만드는 데 성공했다. 그는 한 덩어리가 된 꿈을 어떤 프로세스를 통해 구체화했을까?

첫째, 주몽은 원대한 비전을 이루기 위한 우선순위를 정했다. 계루부의 족장이 되고 즉시 고구려를 건국한 주몽은 다물이라는 연호를 공표하며 고조선의 영광을 회복할 것임을 분명히 했다. 이를 확실하게 표명하기 위해 주변의 말갈인들을 공격해 쫓아냈다.

이때 고구려의 용맹성을 호되게 경험한 말갈인들은 이후 고구려의 충실한 용병 역할을 한다. 하지만 주몽은 아직 미약한 고구려가 웅대한 나라를 이루기 위해 먼저 해결해야 할 것이 무엇인지 정확히 간파했다. 비류수 유역의 5부족을 통합하는 일이 우선이었다. 주변 정리를 먼저하고 중원으로 나가야 했던 것이다.

조직도 생명체다. 제약 요소만 없다면 성장한다. 어린 나무 위에 놓인 무거운 돌을 치워주면 나무가 쑥쑥 자란다. 주몽은 자신의 조직이 성장하는 데 제약 요소가 무엇인지 정확히 간파했다. 이 제약 요소를 제거하거나, 제거하기 어렵다면 재조정할 현실적 방법을 찾아야 한다. 그것이 주몽의 두 번째 프로세스다. 기선을 제압한 것이다. 비류수 유역의 5부족들은 계곡과 강을 경계로 독자적인 활동을 하고 있어 찾아내기도 쉽지 않았다. 가장 강력한 소노부 같은 경우도 강물에 떠내려오는 채소 잎들을 보고서야 위치를 알 수 있을 정도였다. 이런 부족들을 놓아둔 채 원정에 나섰다가는 나라의 안방을 상실하게 된다.

당시 가장 강한 부족이 소노부였는데, 소노부 족장 송양松讓은 단군의 후손임을 자처해 추종자가 많았다. 이는 정확히 주몽의 비전과 겹치는 것이었다. 송양을 그대로 두고는 중대사를 도모하기 어려웠다. 그렇다고 단군의 후손임을 자처하는 송양을 제거하면 민심을 잃게 된다. 따라서 주몽은 송양을 살려둔 채 굴복시키고 이를 기회로 다른 세 부족의 복종을 받아내려는 계책을 세웠다.

즉위 2년째에 주몽은 송양을 찾아갔다. 서로 속국이 되라며 다투다가 주몽이 담판을 짓는다.

"그대도 단군의 후손이고 나도 단군의 후손이니 골육상쟁은 벌이지 맙시다."

"좋다. 그럼 어떻게 자웅을 겨룬단 말인가?"

송양이 묻자 주몽이 대안을 내놓았다.

"우리는 다 같이 동이족이니, 우리의 자랑인 활쏘기로 겨룹시다."

송양이 사슴 그림을 걸어놓고 100보를 후퇴하더니 사슴 배꼽을 겨냥해 화살을 쏘았다. 화살은 배꼽에 꽂히지 못하고 사슴 그림만 겨우 맞혔다. 주몽 차례가 되자 사슴 그림 위에 작은 옥반지를 걸게 하더니 그 안에 화살을 명중시켰다. 이때부터 소노부의 인심이 주몽에게 향했다.

그 후 소노부에 큰 홍수가 일어나 곤경에 처하자 주몽이 달려가 도와주었다. 결국 송양이 주몽에게 항복했다. 주몽은 소노부를 다물도多勿都라 개칭하고 송양을 도주都主에 임명했다. 그때부터 주몽의 위상이 급상승했다. 연맹장인 송양이 주몽의 휘하로 들어가자 나머지 부족들도 주몽을 인정하지 않을 수 없었다.

그 후에야 주몽은 군사를 보내 태백산(현 백두산 또는 산동성의 태산) 동남 방향의 행인국과 간도와 함경북도에 걸쳐 있던 북옥저를 정복한다. 주몽은 40세의 아까운 나이로 서거하긴 했지만 이로써 만주와 대륙 진출의 교두보는 확실하게 다져놓은 셈이다. 주몽은 타고난 기업가였다. 주몽 스타일의 기업가들이 보이는 몇 가지 특징은 다음과 같다.

첫째, 조직의 성장에 제약 조건constraint condition이 무엇인지 파악하여 제거한다. 가고자 하는 방향에 방해가 되는 제약 조건이 무엇인지 분석하고 시간과 자원을 투입해 제거한다. 물리학자 출신의 경영혁신 이론가인 엘리야후 골드랫Eliyahu Goldratt은 "아무리 약한 연결고리도 어떤 쇠사슬보다 강하다"며 취약한 연결고리를 제거해 다시 조정해야 조직이 활발하게 움직인다고 보았다.

당시 고구려의 변방에 거주하던 말갈이라는 고리를 재조정해야만 고구려가 성장할 수 있었다. 그래서 주몽이 말갈을 거세게 밀어붙여 확실히 복종하도록 만들어놓았다. 동시에 비류수 유역의 5부족도 장악해 휘하에 배치했다.

둘째, 비록 위험이 따르더라도 큰 그림big picture을 그린다. 주몽은 큰 그림을 그리고 성취하는 데 수반되는 위험도 기꺼이 감수했다. 그가 비옥한 동부여에서, 그것도 어머니와 임신한 아내를 두고 척박한 비류수 유역으로 향한 것을 보라. 그리고 비류수에 와서 부족들의 연결 고리를 잘 알고, 그 고리들을 자신의 큰 그림에 맞추어 재조정했다.

셋째, '빠른 물고기가 느린 물고기를 잡아먹는다'는 것을 알고 있다. 겨우 몇 사람 데리고 비류수에 도착한 주몽이 자신보다 훨씬 거대한 말갈을 복속시키고 휘하에 5부족의 연결 고리를 형성하는 과정은 전광석화처럼 진행되었다. 가히 "빠른 물고기가 큰 물고기가 잡아먹는" 형국이었다. 이 말은 통신 네트워크 장비업체인 시스코시스템스CSCO-US의 존 챔버스John Chambers 회장의 말이다. 그는 지난 20년간 성공신화를 창조하면서 2000년에 이미 사물인터넷IoT의 상용화를 예측했다.

IT시대에 맞게 비즈니스 프로세스를 혁신했는데, 큰 조직의 상명하달식 대신 작은 조직으로 분산해 권한을 위임해 의사결정 속도를 높였다. 그의 성공은 세상의 연결 과정을 누구보다 잘 알고, 경쟁우위를 크기가 아닌 속도에 놓았기 때문에 가능했다.

　넷째, 스핀인spin in 전략을 구사한다. 챔버스 회장은 스타트업에 먼저 투자하고 나서 성공하면 사들였다. '선투자 후 성공하면 회수', 이 것이 스핀인 전략이다. 이런 특유의 방식으로 신기술을 확보했다.

　그가 CEO로 있는 동안 중소기업에 불과했던 시스코시스템스가 마이크로소프트MS를 제치고 굴지의 세계적 기업으로 성장했다. 신기술의 유효 기간이 점점 짧아지고, 글로벌 지식 네트워크 덕분에 혁신 기법의 개발도 용이해져 대기업들도 외부 벤처기업의 기술을 내부에 스핀인하려는 추세다. 참고로 관련 조직을 분사해 혁신 기술을 보유하면 다시 매입하는 전략은 스핀오프spin off다. 스핀인이나 스핀오프나 모두 미래 선도 기술과 우수 인재 확보가 목적이다. 시스코시스템스 회장이 재임 중에 인수한 기업만 174곳이었다. 덕분에 누구보다 재빨리 혁신 제품을 시장에 내놓았다.

　마찬가지로 주몽도 동부여에서 망명해 삭막한 비류수 유역으로 갔으나 자신처럼 스타트업이라 할 수 있는 연타발이 축적한 철기와 자금력을 수용해 거대 제국으로 나아가는 발판으로 삼았다.

상상의 공동체 형성하기

꿈은 단기적인 목표objective가 아니라 장기적인 목적goal이다. 개인의 목적이 개인이 평생 추구해야 할 신념이라면 조직의 목적은 조직이 존재하는 한 추구해야 할 가치다.

고구려의 27대 영류왕(재위 618~642)은 고구려라는 조직의 비전과 상반된 비전을 추구한다. 광개토대왕비에서도 볼 수 있듯이, 고구려 왕이 곧 천자이며 사해四海의 주인공인데, 영류왕은 이런 천하관을 버리고 당나라 비위를 맞추기에 급급했다. 그리고 이에 반대하는 살수대첩의 영웅 을지문덕乙支文德 등을 쫓아냈다. 결국 고구려의 존립 목적에서 이탈한 영류왕은 연개소문에게 제거되고 만다.

조직의 꿈인 비가시적인 목적이 가시적인 목표를 움직여야 조직이 궤도를 이탈하지 않는다. 주몽 이후 고구려가 창건 목적을 잊지 않을 때는 어떤 강적도 물리칠 수 있었다. 그러나 이를 망각한 왕이 들어설 때 나라가 후퇴했다. 이를 미리 내다본 고구려 건국 세력이 세팅해둔 상징이 주몽신화와 삼족오三足烏였다. 이 2가지가 고구려의 존립 목적인 다물정신을 꾸준히 상기시키고 고취시켰다.

고구려는 28명의 왕이 통치하며 각 왕마다 그 목적을 의식하고 통

치했던 시기의 국운은 욱
일승천했다. 하지만 반대
의 경우 하락 곡선을 그었
다. 먼저 주몽신화를 살펴
보자.

천제天祭의 아들 해모수
가 아리수(압록강)에 이르
렀을 때, 아리따운 아가씨
가 목욕하는 모습을 보고
인연을 맺는다. 그녀는 강

주몽신화와 더불어 다물정신을 상기시키고 고취시
킨 고구려의 상징, 삼족오.

물의 신 하백의 딸 유화였다. 임신 사실을 알게 된 하백이 크게 노해
유화를 쫓아낸다. 정처 없이 헤매던 유화를 동부여의 금와왕이 발견하
고 궁중으로 데려간다. 그 뒤 유화가 큰 알을 낳자 불길하다며 알을 버
렸는데 태양이 언제나 알을 비추어주었고 공중의 새와 들짐승들까지
도 정성스럽게 알을 지켜주었다.

금와왕이 알을 깨려고 아무리 노력해도 실패하자 유화에게 돌려준
다. 유화가 알을 따뜻하게 품어주자 주몽이 태어났다. 7세쯤 주몽이
줄지어 날아가는 철새들을 화살 하나로 꿰뚫었다. 동부여 백성들은 주
몽을 존경하기 시작했고 금와왕의 아들들은 시기하기 시작했다. 주몽
이 20세가 되자 어머니 유화가 불렀다.

"왕자들이 너를 해칠 궁리를 하고 있으니 이곳을 떠나 큰일을 도모
하라."

이른 새벽 주몽이 도망친 것을 안 왕자들이 추격하기 시작했다. 엄

사수淹漉水 앞에 이르러 주몽이 외쳤다.

"나는 천제의 아들이며 하백의 외손자다."

그러자 무수한 물고기와 자라 떼들이 올라와 강물 위에 다리를 놓아주었다. 주몽은 무사히 강을 건너 고구려를 건국한다.

이 신화의 핵심은 무엇일까? '일자日子 고주몽'이다. 고조선이 해체되면서 해모수가 부여(북부여)를 세웠고, 여기서 나온 무리를 중심으로 금와가 동부여를 세웠다. 그 해모수의 아들이 주몽이라는 것이다. 주몽이 고구려를 처음 세웠을 때 국호를 졸본卒本부여라고 했을 정도로 부여라는 명칭은 고조선의 계승국을 의미했다. 이 모든 것은 하나를 향해 있다.

고조선은 태양의 나라이고 이를 계승한 사람이 주몽이며, 그 주몽이 고구려를 세웠다는 것이다. 이런 주몽신화는 700년 고구려 사회에서 지속적으로 호출되었다. 주몽 사후 400년이 지난 광태토대왕비에도 주몽신화가 각인되어 있다.

고구려의 두 번째 신화적 상징인 삼족오 역시 주몽신화와 밀접하게 연결되어 있다. 고주몽을 탄생시킨 태양 안에 세 발 달린 까마귀가 살고 있다. 이 삼족오신화는 동이족이 고조선에 전래했다. 태양에 아른거리는 흑점을 세 발 달린 까마귀로 본 것이다.

삼족오에 대한 신앙은 고조선인들과 그 후예들의 유별난 '석 삼三' 자 선호와 연관된다. 환인桓因(조화), 환웅桓雄(교화), 단군檀君(치화)의 삼신일체사상과 삼신할미, 제주도의 삼명두 설화들이 그 사례다. 지금도 '삼재三災', '아홉 수', '삼세판' 등으로 통용되고 있다. 이처럼 3이라는 숫자는 우리 민족에게 실체적 진실 여부를 떠난 일종의 신앙적 정서였다.

주몽 등 고구려 설계자들은 고구려의 꿈을 상기시켜준 상징으로 주몽신화와 삼족오신화를 설정해놓았다. 조직의 역동적인 힘은 물리적인 것보다 심리적인 것에서 비롯된다.

그들을 하나 되게 묶어주는 관념과 어떤 이미지, 즉 특유의 언어가 필요하다. 이를 형성하는 데 성공한 조직이 곧 '상상의 공동체imagined community'다. 조직의 역동적인 롱런 여부는 상상의 공동체를 형성할 수 있느냐에 달려 있다. 공동체가 더불어 상상하도록 하려면 다음과 같이 해야 한다.

첫째, 더불어 꾸는 꿈이 헌신의 최소공약수임을 알아야 한다. 모든 개인은 본능적으로 이기적이다. 이들을 하나로 묶어야만 조직이 움직인다. 인간의 무의식인 꿈은 그의 내면에 잠재된 신화의 표출이다. 그래서 꿈의 일치를 위해 '상상의 공동체'를 형성하라는 것이다. 모든 조직의 단합에 제일가는 저해 요소가 동상이몽이다. 더불어 꾸는 꿈이 있을 때 지나친 사리사욕을 막고 조직이 순항한다. 급변하는 기업 환경에서 조직의 번영 여부는 구성원들의 조직에 대한 일체감에 달려 있다.

이를 자극하려면 상상의 공동체를 만들어야 한다. 구소련이 분열된 것도 다양한 민족과 계층이 더불어 상상하는 구심점을 만드는 데 실패했기 때문이다.

둘째, 높은 도덕성에 기반한 동기를 추출해 제시해야 한다. 함께 가야 할 구성원들의 가치관과 기질, 특성 등을 분석한다. 그 가운데 상호적 교환가치가 아닌 높은 수준의 도덕성에 기반한 어떤 동기를 추출해 제시한다.

옛 고조선 유민들은 대륙의 절대강자인 한나라와 목숨을 걸고 맞섰다. 한사군도 버티지 못하고 차례차례 흩어졌다. 그런 염원을 주몽은 자기의 탄생신화와 삼족오에 담아냈다. 이를 제임스 맥그리거 번스 James MacGregor Burns는 "변혁적 리더십transformational leadership"이라 했다. 변혁적 리더십은 스타트업이나 변혁해야 할 기업 등에게 필요한 리더십이다.

이러한 변혁적 리더십의 요소는 4가지다. 이상적 감화력idealized influence, 영감적 동기 유발inspirational motivation, 지적 자극intellectual stimulation, 개인적 배려individualized consideration가 그것이다.

구소련의 프롤레타리아 혁명은 이상적이었고 영감적 동기 유발, 지적 자극도 되었다. 그러나 딱 한 가지, 개인적 배려가 부족했다. 당시 자유의 제국 미국에 대비되어 정의의 제국으로 나섰지만 내부 특권층인 관료계층의 세습과 부패를 막지 못했다. 구소련을 구성하는 인민의 권리에 대한 배려가 부족해 해체된 것이다.

2

고구려는
룰메이커였다

고구려의 풍속과 자질은
목표에 대한 집념에서 나왔다

어떤 나라든 풍속에는 그 나라의 국민성이 내포되어 있다. 국민성이 풍속으로 나타나고, 풍속이 그 나라의 정체성을 강화시킨다. 회사도 마찬가지다. 회사의 성격을 파악하려면 회사의 풍속을 보면 된다. 그리고나서 내 조직의 풍속과 다른 조직의 풍속을 비교해보라. 각각의 정체성이 어떻게 다른지 확인할 수 있을 것이다.

고구려의 풍속 중 지금까지 내려온 것이 많다. 대표적인 것으로 씨름(각저총 씨름하는 장면 - 단원 김홍도의 〈씨름도〉 - 현재 씨름 모습), 견우와 직녀 설화(덕흥리 벽화), 거문고(고구려 왕산악), 그리고 활솜씨가 있다. 이 중에서 견우와 직녀 설화는 동아시아 공통 스토리이니 제외하더라도 씨름과 거문고, 그리고 활솜씨는 우리 민족 특유의 풍속이며 그만큼 타고난 재능이기도 하다.

이 3가지가 고려시대와 조선시대를 거쳐 현재까지 전해온다. 한국 양궁 팀이 올림픽 등 세계대회 때마다 수없이 받는 질문이 있다.

"한국의 양궁이 이토록 강한 이유가 도대체 무엇입니까?"

여러 대답이 가능하겠지만 역사적으로 명백하다.

"우리는 동이족東夷族이기 때문이다."

동이족은 '동쪽에 사는 활 잘 쏘는 민족'이라는 뜻이다. 고구려의 창업군주 주몽도 백발백중의 명궁이었고 조선의 창업군주 이성계도 궁술의 달인이었다. 동이족은 활을 도끼처럼 자유자재로 휘둘렀다.

주몽이란 이름의 뜻도 '활을 잘 쏘는 사람'이라는 뜻이다. 고구려인들은 활만 잘 쏜 것이 아니다. 뭐든 던지면 잘 맞추었다. 매년 정초가 되면 어김없이 두 편으로 나누고 왕이 옷을 벗어 강물에 던지는 것을 신호로 모두 돌을 왕복王服에 던져 가라앉혔다. 그 후 투석전投石戰이 벌어지는데 서로 상대편에게 돌을 던지며 쫓고 쫓기는 놀이를 했다.

전쟁 같은 놀이에서 많은 사람이 머리가 깨지고 부상당하고 죽기도 했다. 놀이를 실전처럼 한 것이다. 왜 고구려인들은 강물에 떠 있는 왕복에 무수히 돌을 던져 침수시켰을까? 왕에게 선정善政을 펴라는 의미와 더불어 전쟁이 일상화되다시피 한 나라에서 왕이 죽음을 각오하고 선두에 서라는 뜻도 담겨 있을 것이다.

이제 노년이 된 사람들이 어렸을 때만 해도 이런 석전의 흔적이 남아 있었다. 화살촉의 원래 재료는 돌이었다. 활을 처음으로 개발한 동이족은 백두산에 풍부한 흑요석으로 화살촉을 만들었다. 이후 고조선도 흑요석으로 만든 화살을 중국에 수출했다.

명궁이 되려면 목표에 대해 강한 집념이 있어야 한다. 화살이 과녁에 꽂힐 때까지 온갖 상념과 잡념을 버리고 집중해야 한다. 이를 정신일도하사불성精神一到何事不成이라 했다.

고구려인들의 목표지향적인 집념을 보여주는 또 하나의 사례가 혼수품이다. 이들은 결혼할 때 수의壽衣를 지참한다. 죽음을 두려워하지 않고 고구려의 비전을 향해 부부가 함께 돌진한다는 의미다. 이외에도

덕흥리 고분에서 출토된 벽화 〈견우직녀도〉

항아리에 물건을 던져 넣으며 놀고, 앉을 때도 언제든 일어날 수 있도록 쪼그려 앉았고 길을 갈 때도 달음질치듯 빨리 걸었다. 이런 풍속 모두가 목적지향적인 성품을 고스란히 드러내고 있다.

다음이 오동나무로 만든 고구려의 거문고다. 거문고는 곧 고구려고 고구려는 곧 거문고다. 왕산악王山岳이 대나무 막대기로 거문고를 연주할 때면 검은 학들이 떼 지어 몰려와 춤을 추었다 한다. 나뭇결이 무르지만 뒤틀리지 않고 벌레나 좀도 생기지 않는 오동나무에는 한민족의 정한情恨이 스며들어 있다.

딸이 태어나면 혼수품으로 장롱을 만들기 위해 오동나무를 심었다. 여름이면 오동나무의 큰 잎사귀 아래서 더위를 피했고 그 잎이 지면 가을이 온 줄을 알았다. 특히 오동나무의 생명력이 고구려 굴기屈起를

무용총 벽화에 묘사된 거문고

대변한다. 오동나무는 본 줄기를 베어낼수록 더 좋은 나무가 자란다. 한 번 자른 곳에 새로운 싹이 자랄 때 자동子桐이라 하고, 두 번 자른 후부터 자란 나무를 손동孫桐이라 한다. 이 손동이 최고의 재목이며 고구려의 거문고는 이런 손동을 찾아내서 만들었다.

거문고가 내는 중후한 선율의 맛을 어떤 악기가 따라올 수 있으랴. 거문고 소리는 곧 척박한 땅에서도 많은 난관을 뚫고 다시 자란 오동 나무 소리다. 이것이 고단할수록 더욱 분발해 기어이 다시 우뚝 서곤 했던 고구려의 굴기정신이다.

고구려의 풍속 중 한민족 문화로 계승된 세 번째는 씨름이다. 주몽이 부족장이던 시절에 씨름 경기를 개최했고 고려 충혜왕忠惠王도 내시들과 수시로 씨름을 즐겼다. 맨손으로 맹수와 싸워야 했던 원시인들에게서 비롯된 씨름은 힘도 필요했지만 상대의 힘을 역으로 이용하는 지혜가 필요하다. 씨름에서 제일 중요한 것이 힘의 분배와 균형 감각이다.

고구려의 씨름을 묘사하고 있는 각저총 벽화

고구려의 균형 감각을 잘 보여주는 분야가 외교다. 지정학적으로 샌드위치 신세였던 고구려가 중국의 중화주의와 공존 불가능한 '다물'이라는 비전을 품고도 700년 동안이나 존속할 수 있었던 데에는 강력한 군사력을 바탕으로 한 현란한 외교정책이 있었다.

중국이 분열할 때는 공격하고, 수나라나 당나라처럼 통일되면 말갈, 돌궐 등 다른 부족들과 연합전선을 구축했다. 치고 빠지기 전략으로 영토를 확보했고 확보한 영토를 지켜냈다. 마치 씨름의 달인이 자신보다 훨씬 큰 거인을 마음대로 농락하는 모습을 보는 듯하다.

이렇듯 고구려인의 목표에 대한 집념이 고유의 풍속에 그대로 녹아 있다. 씨름에서 힘의 분배와 균형 감각을 중시하는 것도 이기기 위해서다. 그런 균형 감각이 고구려의 탁월한 외교술로 나타났다. 화살이 과녁에 꽂힐 때까지 온갖 상념과 잡념을 버리고 집중한 것도 이기기 위해서다. 고구려의 거문고 소리도 척박한 땅에서 많은 난관을 뚫고 다시 자란 오동나무 소리다.

풍속은 집단의 오래된 습관habit이며 중독addiction과는 차이가 있다.

조선시대의 씨름. 단원 김홍도의 그림이다.

중독이 화학적 의존성chemical dependency 또는 집착fixation이라면 습관은 일반적인 성향inclination이다. 조직의 풍토organizational climate가 엉망일 경우 구성원 역량까지 흐려지거나 사장된다. 조직의 풍토가 곧 구성원의 행동양식을 결정하기 때문이다.

고구려의 목표지향적인 풍토에서 보듯이 비즈니스에서도 조직의 풍토가 얼마나 응집력이 있느냐에 따라 조직 역량의 크기가 달라진다.

고객의 요구 수준이 나날이 높아가면서 신속한 의사결정이 필요하고, 이에 따라 모든 근로자가 지식 근로자knowledge worker 형태로 진화하고 있다. 지식 근로자의 사기 진작 여부에 제일 중요한 것이 바로 조직 풍토다.

조직 풍토 개선의
원칙과 실천

　조직 풍토가 긍정적일수록 구성원들의 직무 스트레스가 감소한다. 직원의 스트레스 3요인은 다음과 같다.

1. 개인의 내적 변인 : 조직 외㕔 인간관계, 가족 상황, 세계관 등
2. 조직의 내적 변인 : 조직 내㕔 인간관계, 조직 풍토 등
3. 조직의 외적 변인 : 조직의 미래, 조직 사회적 가치 등

　조직 풍토에는 조직 구성원의 주관적 판단이 많이 개입되는데, 풍토 개선을 위해 제일 중요한 원칙은 미래지향적이어야 한다는 것이다. 미래지향적이어야 한다는 가장 중요한 원칙을 효과 있게 만드는 유일한 원칙이 있다. 바로 종업원의 성취 욕구를 자극하는 것이다. 따라서 종업원의 성취 욕구를 자극하지 않으면 아무리 조직의 미래를 찬란하게 제시해봤자 의미가 없다. 반대로 종업원의 성취 욕구만 난무하고 조직의 미래가 없을 때 조직은 머지않아 공중분해된다. 종업원의 성취 욕구를 자극하기 위해서는 다음과 같이 해야 한다.

1. 불필요한 규정과 관행을 없앤다. 특히 경영자 중 만기친람^{萬機親}^覽 형인 경우 사사건건 확인하고 입김을 넣으려는 욕구를 버려야 한다.
2. 업무 과정에 개입하려 하지 말고 업무 성과에 대해 피드백을 해야 한다.
3. 조직의 미션에 구성원이 공감하고 자신의 역할이 무엇인지 충분히 이해하도록 한다.

창조적 파괴

────

미리 정해진 틀을 따라가는 것이 룰테이커rule taker다. 이들은 결코 크리에이터creator가 될 수 없다. 룰메이커rule maker가 되어야만 기존 시장의 판도를 바꿀 수 있다. 물론 많은 위험 부담이 따른다. 이를 무릅쓸 때 비로소 새로운 역사를 창조할 수 있다.

고구려의 발흥지인 압록강 중류 일대는 중원과 북방, 그리고 한반도의 교차점에 자리 잡고 있어서 숙명적으로 다양한 유목민족들과 교섭해야 했다. 그래서 고구려는 백제, 신라, 일본과 중국, 돌궐, 말갈 등 북방민족들과 다각도로 관계를 맺으며 서진西進정책과 남진南進정책을 번갈아 전개했다. 주몽 때부터 고구려는 주변과는 다른 룰을 세우며 성장해나갔다.

고구려는 일단, 주변 국가들을 수동적 존재로 만들려고 하는 중국의 정책을 거부했다. 독자적인 연호를 사용하면서 중원 중심의 국제질서를 여러 차례 고구려 중심으로 변경시켰다. 당시 동북아 질서의 주요 변수는 중국이 아니었다. 고구려와 선비, 거란, 돌궐, 유연, 말갈 등 북방민족들의 관계였다.

특히 광개토대왕 때처럼 고구려가 북방민족을 주도할 때 중원은 국

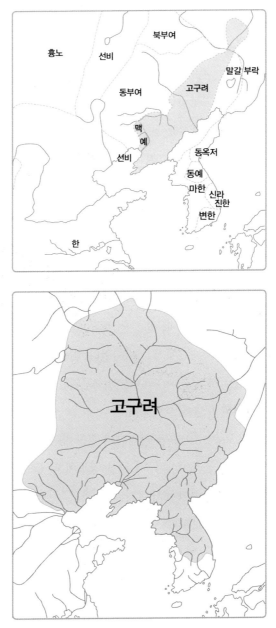

고구려의 영토 변화. 1대 동명성왕 시기(위)와 가장 넓은 영역을 차지했을 때(아래)

제정치에서 상수가 아니라 변수로 전락했다. 북방민족도 수시로 고구려를 침입했지만 고구려는 화전양면작전으로 이들을 관리했다. 북방민족들이 약할 때 고구려와 수·당 간의 전쟁 때처럼 고구려의 용병으로 동원시켰다. 그러나 북방민족은 강해지면 중원 진출을 시도했고 그전에 반드시 고구려와 제휴해야만 했다.

일찍이 동북아 정세는 고구려 - 북중국 - 신라가 동맹을 맺고, 백제 - 남중국 - 왜가 동맹을 맺은 동서 대립 구도였다. 그러다가 6세기 수나라가 중원을 통일하고 신라와 동서로 연결하며 고구려를 압박했다. 이에 고구려의 영양왕이 수나라를 선제공격하며 전쟁이 시작되었다. 결국 수나라가 패배해 중국 대륙은 일대 혼란에 빠졌고 수나라는 멸망했다.

이처럼 고구려가 왕성할 때 중원은 힘을 잃었고 고구려가 약해질 때만 중원 중심으로 국제질서가 정리되었다. 이처럼 고구려는 자체적인 룰메이커로 중국과 꾸준히 대결했다. 고구려는 룰메이커로서 전형적인 기업가 정신의 모습을 보여준다.

국가를 기업으로 가정한다면 기업가의 활동 방향이 시대별로 차이는 있지만 정신은 대동소이하다. 더 많은 영토에 더 많은 인구를 확보해 소산물을 증대하는 것이 고대국가의 전략이었다면, 현대의 기업가는 더 효과적이고 고객친화적인 제품과 프로세스, 서비스를 제공해 이윤을 창출하는 것이다. 이를 위해 새로운 사업체를 설계하고 조직을 관리하고 발전시키는 능력이 필요하다.

조지프 슘페터를 참고한
기업가 정신

1. 새로운 아이디어로 낡은 것을 창조적으로 파괴해 새로운 가치를 창출한다.

2. 창조적 파괴에는 5가지 영역이 있다. 생산 방식, 원료, 조달 방식, 조직, 신기술이 그것이다.

3. 창조적 파괴가 초래할 위험을 부담하면서도 남다른 발상으로 형식적인 분야를 개척하려 한다.

성공을 넘어선다

비류수 유역 사방 2,000리의 심산계곡에서 부족국가로 출발한 고구려는 엇비슷한 수많은 나라를 제치고 최강자가 되었다.

고구려는 다른 나라들과 달리 처음부터 중국과 협력 대신 대결을 추구했다. 고구려인들에게 존재 이유는 국가 체제의 유지가 아니라 고조선처럼 중원과 북방민족을 넘어 세계의 중심이 되는 것이었다. 이들은 현실 안주를 거부했다.

고구려 700년 동안 중국은 삼국시대와 5호16국시대 등 혼란으로 일관되었다. 후반기에 중국을 통일한 수 문제隋文帝가 고구려를 공격하면서 70년이라는 기나긴 여수麗隋·여당麗唐 전쟁이 벌어졌다. 다음은 고구려 대 중국의 개략적인 역사다.

고구려는 2대 유리왕琉璃王(재위 기원전 19~기원후 18) 때인 기원전 9년 대대적으로 신강성新疆省 선비족을 토벌했고, 서기 3년 도읍지를 졸본성에서 국내성으로 옮겼다.

역사서에는 돼지가 도성을 점지해준 것으로 나와 있다. 하지만 사실은 유리가 왕이 되면서 두 아들 비류와 온조를 데리고 남하한 소서노의 세력이 잔류하고 있던 졸본을 떠나 자신의 입지를 강화하기 위한 것이었다.

그리고 5년 후인 서기 8년에 한나라를 찬탈한 신나라의 왕망과 충돌하기 시작한다. 이처럼 고구려는 한족漢族과의 투쟁을 통해 성장한다. 고구려의 영토 팽창 정책은 700년 동안 꾸준했다.

그중 가장 대대적인 확장이 두 시기에 걸쳐 일어났다.

첫 번째는 3대 대무신왕大武神王(재위 18~24)시대였고, 두 번째는 6대 태조대왕太祖大王(재위 53~146)시대였다. 대무신왕은 27년 재위 기간 동안 동부여를 병합하고 후한後漢 요동태수의 공격을 물리쳤다. 또한 호동왕자를 사랑했던 낙랑공주의 도움으로 최리崔理의 낙랑국도 병합했다. 다음으로 태조대왕은 옥저, 동예 등 주변 소국을 복속시키고 요서 지역을 공략했다.

두 번째 대대적인 영토 확장은 한민족 역사상 가장 위대한 정복자인 광개토대왕廣開土大王(재위 391~413)과 장수왕長壽王(재위 413~491) 때 이루어졌다. 광개토대왕의 등장으로 고구려는 명실공히 동아시아 최고의 강자가 되었다. 이와 같은 부왕의 위업을 기리기 위해 장수왕이 광개토대왕비를 세웠다.

부자의 통치 기간만 100년이다. 고구려가 최강의 위치에 서자 동북아의 세력 균형이 이루어져 주변국들도 덩달아 안정을 누렸다. 이런 번영이 위기에 봉착한 것은 중국 때문도, 북방민족 때문도 아닌, 내부적 요인 때문이었다. 531년 22대 안장왕安藏王(재위 519~531)이 권력다툼으로 피살되었고, 23대 안원왕安原王(재위 531~545)에 이르러 귀족들을 동원한 두 왕비가 서로 자기 아들이 후계자 자리를 차지하도록 사흘간 궁중 혈투를 벌였다.

안원왕마저 피살되고 24대 양원왕陽原王(재위 545~559)이 즉위했는데 이후에도 귀족 간주리干朱理가 환도성에서 반란을 일으켰다. 이미 고구려의 왕은 실권을 상실한 채 귀족들의 권력다툼을 지켜보기만 하는 나약한 존재로 전락했다.

이 시기에 공교롭게도 남쪽의 백제와 신라에 탁월한 군주 성왕聖王과 진흥왕眞興王이 등장했고 서쪽의 대륙에서 수나라가 남조를 물리치고 통일제국이 되었다.

수나라가 노골적으로 고구려에게 복종을 강요하자 고구려가 수나라를 선제공격하며 전쟁이 시작되었다. 이후 20년간 수나라가 공격해 왔으나 비참하게 패하고 나라까지 망했다. 수나라 이후 당나라가 다시 중원을 통일하고 고구려의 항복을 받아낼 궁리를 시작한다. 이런 와중에도 귀족들의 권력투쟁이 심화되는 가운데 연개소문이 쿠데타를 일으켜 대당 강경노선 정권을 수립하며 대당 온건노선을 견지하던 귀족들을 제거했다. 이때 가장 경악한 사람이 바로 당 태종唐太宗이었다. 그만큼 연개소문은 당나라에 최고의 위험인물이었다.

연개소문이 집권한 24년 동안 고구려는 당나라가 신라까지 동원해 협공을 해도 건재했다. 그러나 연개소문 사후 골육상쟁에 휘말려 700년 역사를 자랑하던 고구려는 3년도 버티지 못했다. 강성 고구려의 붕괴는 외침이 아니라 내분 때문이었다. 성공가도의 내분은 외부적 유인 효과로 잘 극복된다. 하지만 정체 성숙기stable maturity의 내분은 치명적이다.

사실 성장기에는 내분도 잘 일어나지 않으며, 일어난다 해도 금세 봉합된다. 그러나 조직의 에너지가 내부에 더 집중되는 정체 성숙기에 들어서면 그때부터 내분이 빈발하며 잘 봉합되지도 않는다. 이를 이겨내는 조직이 성공 기업을 넘어 위대한 기업으로 남는 것이다.

국가나 기업도 개인과 마찬가지로 흥망성쇠가 있다. 성공가도에서 발생하는 내분은 외부적 유인 효과 때문에 쉽게 극복되지만 정체 성숙기의 내분은 치명적이다. 다음은 조직의 성장과 쇠락을 보여주는 경영철학자 찰스 핸디Charles Handy의 시그모이드 곡선sigmoid curve이다.

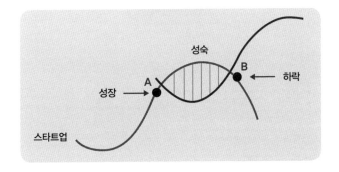

시그모이드 곡선

어느 조직이든 열정과 패기로 시작하며 온갖 자원을 투입한다. 이때 성과가 나타나면 성장기에 접어든다. 하지만 언제까지 성장세가 지속되지는 않는다. 잘된다 싶으면 경쟁자들이 나타나 더 좋은 상품을 내놓는다. 이때부터 곡선이 완만하게 나타나다가 아래로 향하게 된다.

위의 그래프에서 고구려는 광개토대왕 때 성장점 A로 치달으며 장수왕을 거쳐 문자명왕 때 성숙기로 접어든다. 적어도 문자명왕 때쯤 새로운 혁신이 필요했지만 선대의 영화에 머물면서 권력투쟁이 빈발하며 하락 곡선을 그렸다. A점에서 약간의 하락을 각오하고 혁신을 감행해야 한다. 기존의 A점에 머물러 약간의 성장세와 안락을 추구한다면 하향세를 피할 수 없다.

정체 성숙기에 나타나는 조직의 특징이 강직된 관료화다. 이때 리더의 사회적 범죄 행위나 부적절한 승계 과정들이 하락을 재촉하는 치명적 요소로 작용한다. 따라서 아직 기업이 원만한 성장기일 때 안주하지 말고 새로운 도약을 해야만 장수하는 기업이 된다.

3

고구려
다이내믹의
근원

전쟁 방식 – 경쟁우위 전략

전쟁에서 구사할 수 있는 전략strategy과 전술tactics은 다양하다. 전략이 장기적으로 '무엇을 할 것인가what to'라면 전술은 '어떻게 할 것인가how to'다. 효율적인 전략 하에 효과적인 전술이 전개되어야 한다.

고구려의 전략이 고조선의 고토 회복이라면 전술은 2가지 축(산성전山城戰, 청야 전술淸野戰術)을 중심으로 전개되었다. 이 두 전술은 고조선 때부터 고구려에 이어졌고 이후 고려와 조선까지 내려간다. 청나라가 조선과 강화조약을 맺으며 "절대 성을 쌓거나 보수하지 말 것"을 요구할 정도로 우리는 두 전술에 탁월했다.

왜 이 전술을 전가의 보도처럼 사용했을까. 무엇보다 산악이 많기 때문이었다. 정원철 동북아역사재단 연구위원에 의하면 남북한에 109개, 중국에 137개가 분포해 총 246개의 성이 있었다. 그야말로 고구려는 산성의 나라였던 것이다.

주몽이 고구려를 세운 졸본산성을 보면 사방이 낭떠러지인 분지 위에 성이 있다. 그야말로 천혜의 요새다. 이 성을 시작으로 환도산성 등이 차례로 축조된다. 영류왕에 이르러 16년간 부여성(장춘)부터 시작해서 비사성(대련)까지 천리장성도 쌓았다.

고구려가 쌓은 천리장성

천리장성은 서쪽 적의 침입을 막기 위해 들어선 크고 작은 성들을 연결시키는 형태로 만들었다. 일렬로 늘어선 중국의 만리장성과 달리 기존 성곽의 벽을 작게 연결했기 때문에 방어와 공격에 동시에 유리했다. 고구려의 영토 확장 의지가 천리장성에도 어느 정도 반영되었던 것이다.

고구려군은 일단 적이 침입해오면 먼저 청야 작전을 시작한다. 침입로 주변에 포진한 주민들이 들판의 곡식 등 물자를 성안으로 옮긴다. 우물도 흙으로 메우고 나머지는 모조리 불태워 없앤다. 그리고 산성으로 모든 주민이 들어가서 농성전을 시작한다. 이런 상황에서 머나먼 거리를 달려온 적군은 자급자족이 불가능했고 특히 후방 부대를 공격

고구려 고분인 통구 12호분에 그려진 〈참수도〉. 고구려 장수가 적장을 참수하고 있다.

하는 데 탁월했던 고구려 유격대에 후방 보급선이 차단되기 일쑤였다.

하지만 고구려가 적을 공격해 야전에서 전투가 벌어질 때는 상황이 다르다. 다양한 전술이 있겠지만, 그중 하나가 날랜 경기輕騎 궁수병들이 적의 진영을 어지럽히며 엄호 사격을 할 때 철갑기병이 전광석화처럼 진격하는 것이다. 뒤를 이어 창과 칼 등을 든 군사들이 투입되어 백병전을 벌였다. 특히 고구려의 주력부대를 개마무사鎧馬武士라 불렀다. 이들이 타는 말에게도 갑옷을 입혔다. 말이 부상당하면 아무리 용맹한 기병이라도 전투력이 떨어질 수밖에 없기 때문이다. 개마무사가 탄 말등에 기꽂이가 달려 있다. 적들은 고구려기를 꽂은 개마부대를 보기만 해도 공포에 떨었다. 개마무사는 공격할 때는 돌격대였고 후퇴할 때는 방어벽이었다.

고구려가 강성할 때 날랜 개마무사 부대로 중국의 북경까지 진출했고 오월까지 침략하여 중원을 공포 속에 몰아넣었다高麗百濟全盛之時 强

고구려 고분인 통구 12호분에 그려진 개마무사

兵百萬, 南侵吳越. 고구려의 청야 전술과 농성 전술의 요체는 장거리 원정을 온 상대의 가장 큰 취약점인 물자 조달을 불가능하게 만드는 것이다.

모든 전술에는 목적purpose – 행위 일정schedule of action – 결과result가 있다. 이처럼 현장에서 구체적인 전술의 절차를 정할 때의 가이드라인이 경영 전략이다.

현대의 경쟁우위 전략과
고구려의 전쟁 방식

1. **마이클 포터**Michael Porter**의 경쟁우위 전략**(5 forces model)

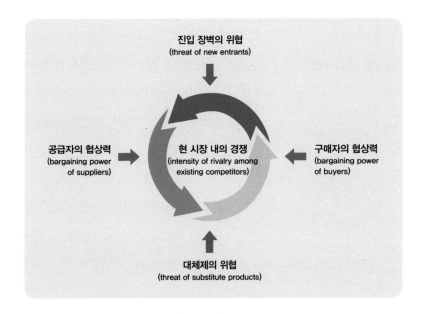

2. **진입 장벽**(정부의 규제, 높은 투자비용 등)**이 낮을수록 스타트업이 활성화된다.**

시장 규모가 협소하거나 원가에서 차지하는 고정비용이 지나치게
높으면 현 시장의 경쟁이 과열되어 있다는 것이다.

3. 대체제가 많을수록 그 상업의 매력도가 감소한다.

공급자의 수가 많을수록, 그리고 공급자가 덜 조직화되어 있을수록 공급자의 파워가 감소하고, 구매자의 수가 적고 조직화된 경우 구매자의 파워는 증대한다.

4. 포터의 경쟁우위 전략을 잘 활용하면 하고자 하는, 또는 하고 있는 비즈니스의 매력도를 파악할 수 있다.

기원전후의 세기, 고구려가 회복하고자 한 고조선의 옛 땅인 요동과 요서는 대체제가 없었고, 이 상품에 대한 독과점 세력도 수시로 바뀌며, 중원 세력과 북방민족들 사이에 경쟁이 조성되어 있었다. 이에 고구려가 과감히 진입하며 요동과 요서라는 상품을 수시로 지배했다. 이처럼 고구려의 전쟁 방식은 경쟁우위 전략에 따른 것이다.

외교 방식에 나타난 협상 전략

고구려의 대외정책은 한나라가 중원을 400년간 통치하던 시기와 220년 한나라가 멸망하고 중원에 도래한 400년 대분열의 시기로 나눌 수 있다.

전기의 고구려 대외정책은 후한의 정책을 참작해 결정되었고 그에 따라 북방민족을 무력으로 지배하기도 하고 전략적 제휴를 하며 능동적인 관리를 했다. 고구려의 태동기에 한나라의 힘이 미치지 않던 행인국, 구다국, 개마국, 옥저, 동예 등을 정복해갔다. 그 후 한군현을 대대적으로 공격했다.

한나라가 멸망한 후에 고구려의 대외정책은 더욱 정교해졌다. 한나라의 멸망으로 중국은 정치적 혼란뿐 아니라 사상적 혼돈까지 야기되었다. 400년 한나라의 국시였던 유교도 힘을 잃었기 때문이다.

한 무제 때 동중서董仲舒가 유교의 토대 위에 음양오행陰陽五行 같은 신비사상을 덧붙여 황제를 하늘의 대리자로 만들어놓았다. 초한대전楚漢大戰을 거쳐 중국을 다시 한 번 통일한 한나라는 진秦나라처럼 단명하고 싶지 않았다. 한나라 황실의 자손들이 대대로 중국을 통치하고 싶었던 것이다.

한 무제

한 무제의 이런 심중을 읽고 동중서가 귀신의 일을 모르며 알 필요도 없다고 하는 유교에 음양오행의 하늘사상을 채색시킨 신유학을 만들어 낸 것이다. 즉 황제가 하늘과 천인감응天人感應하는 천자天子이므로 백성은 무조건 복종해야 한다는 것이다. 후한의 붕괴로 이런 신념이 흔들리며 위, 촉, 오의 삼국으로 분열된 것이다.

이후 중국은 남북조시대를 수나라가 통일하기까지 수없이 이합집산을 한다. 그럴 때 서로 주도권을 잡기 위해 인접지대를 침공하고 배후를 교란했다. 주로 한군현들과 상대하던 고구려였지만 상대가 수시로 바뀌는 변화무쌍한 국제정세에 잘 대응했다. 중국 대분열의 시기에 송, 제, 양 등 중국 각지에 200여 차례나 사신을 보내 상황을 살폈다.

동중서

또한 북방민족들은 교역을 통해 다독이면서 대결보다

는 연대를 추구했다. 남방국가들과는 어떤 정책을 추구했을까? 견제와 포섭이었다. 바다 너머 왜와 교류하면서 신라를 보호국으로 묶어두고자 했고, 특히 국제질서에 참여하려는 백제가 너무 나서지 못하도록 압박했다.

당시 고구려가 크게 주안점을 두었던 지역은 요동과 한반도 서북부였다. 그래서 4세기 미천왕 때 이르러 요동과 한반도를 잇는 전략적 요지인 서안평을 점령했다.

중국 대분열기 4세기 동안 고구려의 외교는 전방위적 등거리 전략이었다. 분열을 거듭하며 지배력이 약해진 중국 쪽으로 세력 확장을 꾀하는 한편, 위와 아래의 국가들을 교류와 협상을 통해 주도적으로 관리하고자 했다.

고구려의
협상 방식에서 배우는
이노베이션 전략

1. 주요 경쟁자, 즉 주적의 전략을 충분히 파악한다.

고구려가 미약한 출발을 할 때 중원의 지배자는 강국 한나라였다. 한나라의 기본 정책을 참작해 대응 전략을 세웠다. 신생국인 고구려는 서방 진출을 도모하면서도 일단 후한의 힘이 미치지 못하는 지역부터 병합해나갔으며 북방종족들은 무력 지배와 전략적 제휴를 병행했다.

2. 상황을 주도할 전복형 이노베이션을 지향한다.

애플과 삼성을 스마트폰의 중원이라 비유한다면 후발주자인 중국의 샤오미, 오포, 비포 등은 고구려로 비유할 수 있겠다. 이들은 처음에 가성비로 시장을 잠식해갔다. 이러한 가격 전복 정책은 중간 생산 단계를 대폭 축소한 월마트의 초기 성장 전략과 흡사하다. 또한 중국이나 인도 같은 나라에서 온라인 유통망으로 성장 한계에 부딪치자 주요 거점 도시에 오프라인 매장을 확보하기 시작했다. 이것이 유통의 전복이다.

그러면서도 스펙은 차츰 애플과 삼성과의 차이를 좁혀갔다. 이것이 브랜드만 좋으면 비싸도 산다는 브랜드 맹신주의가 사그라지고 가성비 중시의 소비 패턴에 적중했다.

2010년 문을 연 샤오미의 CEO 레이쥔雷軍은 샤오미의 힘은 타인의 강점을 긍정적으로 전복하는 것이라며 "태풍의 길목에서는 돼지도 하늘을 난다"고 했다. 그가 제일 좋아하는 사자성어가 순세이위順勢以爲다.

그는 다른 스타트업의 초기 문화를 살려 샤오미가 투자한 스타트업 회사들의 다양한 제품을 받아들여 샤오미 브랜드로 샤오미 유통망을 통해 판매한다. 이는 가격 전복에 이어 스타트업 자회사를 통한 상품군商品群 전복 전략이다.

고구려는 한나라의 종말 이후 멸망과 흥기를 거듭하는 중원의 여러 세력들의 이해관계를 면밀히 분석했다. 그리고 북방종족을 포섭하면서 중원 공략 위주로 나갔다. 미천왕의 서안평 공격(거점 확보)과 한군현 축출과 광개토대왕 등의 서역 정벌(상품군 전복) 등이 이에 해당한다. 특히 중국 요서에 진출하는 백제의 발목을 잡아두기 위해 일본과 친교하고 신라도 보호국으로 묶어두었다.

3. 협상의 주도권을 잡는다.

헨리 키신저에 따르면, 외교를 잘하는 국가의 리더는 우선 어디에 국가의 이익이 있는지를 먼저 알아낸다. 다음에 그 이익을 실현시킬 자원과 능력이 어디에 있고, 어떻게 해야 그 자원과 능력을 활용해 미래를 주도해나가는지를 안다. 또한 상대에게 그의 행동이 야기할 압력과 이점이 무엇인지 보여주어야 한다. 외교란 아무리 고상하게 포장해도 결국은 보상과 벌칙이라는 압력을 피할 수 없다.

군웅할거의 복잡한 시기를 보내던 분열된 중국은 광개토대왕을 거쳐 장수왕과 문자명왕 때까지 워낙 강국이었던 고구려의 눈치를 보지 않을 수 없었다. 당연히 고구려가 이들의 조정자 역할을 하며 동아시아 중심국가로 부상했다.

신분 상승의 기회가 열려 있었다

고구려라는 큰 조직은 어떻게 움직였을까? 먼저 조직 위계를 보면 왕-귀족-평민-노예로 짜여 있다.

전형적인 계급사회로, 귀족은 신분이 세습되었지만 전쟁 시에는 항시 앞장서야 했다. 일종의 '노블리스 오블리제'인데 이는 고구려뿐 아니라 과거제도가 없던 고대국가들의 일반적 상식이었다. 여기까지만이라면 다른 고대국가와 크게 다를 바 없다.

그런데 고구려의 역동성을 자극하는 주요 장치가 있었다. 평민에게도 얼마든지 신분 상승의 기회가 열려 있다는 것이다. 이것이 골품제도의 신라 등 다른 고대국가들과의 확연한 차이다. 고구려에도 관학官學과 사학私學의 교육체계가 있었는데 관학인 태학太學에서는 귀족 자제 중심으로 교육했고, 중후반에 지방 곳곳에 설치된 경당扃堂은 평민 중심 교육을 담당했다. 이 경당에서 경전經典은 물론 궁술弓術도 가르쳤다. 기마선사력騎馬善射力, 즉 달리는 말 위에서 화살을 날려 목표물에 명중하는 기술이 고구려인들에게 최고의 미덕이었다.

경당 등을 통해 신분 상승의 기회를 잡은 인물이 많이 있다. 대표적으로 을지문덕 장군과 온달 장군 등이 평민 출신이다. 고구려인들은

덕흥리 벽화. 고구려인들의 신선사상을 대변하는 도교의 인면조人面鳥가 그려져 있다.

모자를 즐겨 썼는데 지체 높은 귀족들은 모자에 금으로 만든 깃털을 꽂았다. 고구려 평민이라면 누구나 귀족처럼 깃털 꽂은 모자 쓰는 꿈을 꾸면서 노력했다. 고구려가 신분 이동에 비교적 관대했던 이유가 무엇일까? 필시 고조선 때부터 전해온 신선사상이었을 것이다.

고조선의 종교가 선교仙敎였고 고조선의 왕인 단군들은 은퇴 후 산에 들어가 신선이 되었다 한다. 이 선교문화가 초기 고구려인의 정신적 구심점이었을 것이다. 심신을 단련해 장생불사를 추구하는 등 현세적 삶을 중시해 유별난 창조신화나 내세신화가 없다. 그들이 상상하는 내세는 선계 정도에 불과했다. 일설에 따르면 중국의 도교 역시 고조선의 선교에서 나왔다.

우리 민족 최초의 종교인 선교에서 천지인 합일사상, 홍익인간, 재세이화의 철학이 나왔다. 이런 철학이 응축되어 나온 것이 고구려인들의 상무尚武 정신이다. 그들은 사적 이해관계보다 고구려라는 조직을 위해 기꺼이 헌신했다.

고구려 역동성의 또 하나의 근원은 법에 의한 지배다. 700년 역사를 가진 고구려의 중반기쯤에 해당하는 373년에 소수림왕은 기존의 관습법과 개별적인 법들을 정리한 율령을 선포했다. 고대국가의 통치 기본법이 갖추어졌고 인치人治보다 법치法治에 가까워졌다. 이러한 법치를 기반으로 고구려의 최대 전성기인 광개토대왕과 장수왕의 시대가 도래한다.

고구려의 법치는 엄격했다. 반역자들은 회의를 통해 사형이 확정되면 군중이 모인 가운데 화형에 처했고 처자는 노비로 삼았다. 도둑질한 자는 12배로 배상해야 했다. 살인자, 강도 등도 사형에 처했으며 우마를 죽인 자는 종이 되었다. 그래서일까? 고구려 거리에는 귀중품이 떨어져 있어도 함부로 주워가지 않았다. 항시 감옥이 비어 있을 만큼 기강이 서 있었다.

물이 고이면 썩듯이 인재 풀이 원활하게 순환하지 않으면 그 조직도 정체되며 하락한다. 고구려도 신분 세습 사회였지만 다른 고대국가와 달리 비교적 신분 상승이 용이했다. 이는 인사관리의 고유한 목적과도 일치한다. 인사관리를 통해 조직에 우수한 인재를 충원하고 조직원들의 동기를 부여하는 것이다. 이 2가지 고유한 인사관리의 목적을 달성하려면 인사는 만사라는 철칙을 분명히 해야 한다. 그래야 정실 위주의 인사를 하지 않게 된다. 고구려 역동성의 근원은 인재, 문호 개방, 신선사상의 전수, 법치주의, 노블리스 오블리제, 합의정신 등이었다.

공정하고 효과적인
인사의 5원칙

1. 구성원들이 공동의 목표에 헌신할 분위기를 유지한다.

2. 위의 원칙에 맞춰서 외부 인사를 영입한다.

3. 구성원들이 조직의 목표보다 분파적 이익에 매몰된다면 분파들과 전혀 다른 배경을 지닌 출중한 인재를 영입한다. 예를 들어 고국천왕은 기존 귀족들이 분파 이익에 매몰되자 익명의 농사꾼 을파소乙巴素를 국상으로 발탁해 국정을 쇄신했다.

4. 구성원의 성장과 발전 위주의 인사를 한다. 잘못된 인사는 당연히 구성원 간의 시기와 질투라는 최악의 후유증을 낳고 조직을 수렁에 빠뜨린다. 누구나 납득할 수 있는 인사를 해야 한다. 그래도 어려움은 남는다. 진짜 인재를 발탁했을 때 평범한 직원들이 열등감을 느끼며 조직 전체가 슬럼프에 빠질 수도 있다. 이럴 때 리더의 태도가 중요하다. 인재의 영입이 조직의 발전과 구성원 모두를 위한 것임을 분명히 한다. 그리고 직원들이 자기가치를 확인하도록 도와야 한다. 아무

리 탁월한 인재도 동료의 도움으로 성과를 내는 것이며 직원 개개인이 자기의 존재가 얼마나 소중한지를 대화로 주고받는다.

5. 사람을 업무에 기반해 적재적소에 배치한다. 보상은 성과 개념이고 업무 배치는 직무 개념이다. 인사관리는 인재와 직무를 포함한다. 채용, 승진, 보직, 이동 등은 직무와 사람을 연결하는 일이다.

4

고구려 700년
투쟁의 축
- 주권의식

한족 정권과의 투쟁

고구려 초기 역사는 한나라와 투쟁의 역사였다. 고조선처럼 한나라에게 멸망하지 않으려는 의지도 있었지만 적극적으로 고조선 고토인 요서 지방을 회복하려는 열망이 더 컸다. 한나라와 벌인 전쟁 중 사소한 충돌을 제외하고 중요한 전쟁은 다음과 같다.

먼저 3대 대무신왕 때 후한의 광무제가 요동태수에게 고구려 정벌을 명했다. 한나라의 100만 대군이 몰려오자 대무신왕을 비롯한 신하 모두 위나암성으로 들어갔다. 한나라 병사들이 사력을 다해 공격했으나 쉽게 함락하지 못했다. 결국 지구전을 펼치려 성을 포위한 채 성안의 물과 양식에 떨어지기만을 기다렸다.

실제로 성안의 물과 음식이 고갈되어 병사들은 지쳐갔다. 위기의 순간에 을두지乙豆智가 왕에게 계책을 낸다.

"한나라는 이 성이 바위로 되어 있어 샘물이 없다고 생각하고 있습니다. 기다리기만 하면 기갈에 지쳐 우리가 쓰러지리라고 보고 있습니다."

"그렇소. 하지만 사실이잖소. 달리 방도가 없으니 어찌하면 좋소?"

"왕이시여, 적의 허를 찌르는 전략을 써야 합니다. 연못의 포동포동한 잉어를 물풀에 싸서 술과 함께 한나라 진영에 보내십시오."

고구려가 산성을 지을 때 성안에 반드시 마련하는 2가지가 있다. 물줄기를 찾아내어 말이 물을 마시도록 하는 음마지飮馬池와 물고기를 기르는 양어지養魚池다. 고구려 병사들이 양어지의 기름진 잉어를 잡아서 물풀더미를 두른 수레에 가득 싣고 한나라 요동태수 막사로 보냈다.

"과인이 몽매한 연고로 태수께서 병사들을 몰고 여기까지 와 고생하게 했소이다. 이 술과 잉어를 드시고 기운을 차리십시오."

요동태수와 막료들이 어리둥절해하며 대무신왕의 속내를 맞추기에 급급했다.

"필시 성안에 음식이 넉넉히 있는 것 같소. 그렇다면 이렇게 무작정 포위하고 있어봐야 우리만 추위와 굶주림에 떨 게 뻔하오. 그럴 때 고구려군이 급습하면 우리가 무사하지 못할 것이오. 이쯤해서 몰래 물러갑시다."

결국 대낮에 엄청난 기세로 몰려들었던 한나라 100만 대군이 조용히 있다가 야음夜陰을 틈타 줄행랑을 쳤다. 이것이 세계 전쟁사에 유례가 없는 '잉어 전략'이었다. 을두지 같은 비범한 전략가는 잉어처럼 사소한 것도 승리를 위한 훌륭한 도구로 활용할 줄 안다.

한나라 대군이 물러가고 정국이 안정되자 원로대신인 구도仇都, 일구逸苟, 분구焚求 등이 백성의 아내나 첩을 범하고 소와 말 등 재물을 빼앗아갔다. 이들은 주몽이 고구려를 건국할 때 보필했던 고굉지신股肱之臣들이었다. 그럼에도 불구하고 대무신왕은 이들을 서인庶人으로 강등하고 전 재산을 몰수했다. 신상필벌信賞必罰의 원칙에 예외를 두지 않은 것이다. 이를 본 귀족들이 더는 백성들에게 행패를 부리지 못했다. 고구려는 초기에 건국 대신들의 수탈 행위로 부패 왕국으로 갈 뻔했지만 대무신왕의 일벌백계 덕분에 기강이 바로잡혔다.

이외에도 대무신왕의 아들 호동왕자가 낙랑공주와의 비극적 사랑을 통해 낙랑국을 차지했다. 이처럼 왕이 건국 초기의 고구려가 급성장할 발판을 마련했다 하여 700년 고구려 역사에서 유일하게, 그 칭호에 '무武의 신神' 자가 붙었다.

두 번째로 고구려 역사상 최초의 폭군이며 신하에게 살해당한 5대 모본왕慕本王(재위 48~53)도 요동군을 지나 만리장성 내에 있던 북평北平과 태행산맥 너머 산서성의 도시 태원太原까지 경략했다.

세 번째가 고구려의 실질적 건국자라 불리는 6대 태조대왕의 활약이다. 그는 요서 지방에 10여 성을 쌓아 한나라의 침략에 대비하는 한편 대대적인 공격을 준비했다. 한나라에 사절도 보내고 공격도 해보는 등 강온책을 병행하다가 105년 한의 요동군을 선제공격하기 시작했다.

이때부터 강공책으로 나가자 신경이 곤두선 한나라가 121년 유주자사 풍환馮煥, 현도군수 요광姚光, 요동태수 채풍蔡諷을 동원해 대군을 몰아 고구려와 크게 충돌했다. 고구려군은 특유의 개마기병과 게릴라 전법으로 적장을 포함해 다수를 죽였다. 당시 주로 전쟁 현장에 나가 있었던 태조대왕의 동생 수성遂城(차대왕次大王)이 전체 형세를 이렇게 말했다.

"한나라는 땅이 넓고 인구가 많다. 여기에 고구려가 한참 뒤지지만, 큰 산과 깊은 골짜기가 있어 적은 군사로도 지킬 수 있고, 넓은 평야의 나라인 한나라를 침략하기도 수월하다. 일거에 중국을 정복하기보다 자주 침략해 피폐하게 한 뒤 격파하면 충분히 이길 수 있다."

그다음 한나라와의 대전쟁이 8대 신대왕新大王(재위 165~179) 때 다시 일어난다. 172년 한나라 대군의 침략을 받고 106세의 명재상 명림답부明臨答夫가 청야 전술과 농성전을 통해 지연작전을 펼쳐 한나라 군사들이 지쳐 퇴각하게 했다. 이어서 기병 수천 명을 끌고 한나라 군을 뒤쫓아 가서 좌원坐原평야에서 모조리 몰살시켰다. 이것이 유명한 좌원대첩이다.

9대 고국천왕故國川王(재위 179~197)도 한나라 대군의 침략을 받았으나 고국천왕이 직접 출전해 좌원평야에서 일전을 벌여 물리쳤다. 그때 고구려군의 칼에 잘린 한나라 군사의 머리가 산처럼 쌓였다. 이기지도 못할 고구려와의 싸움에 중국 전체가 매달리자 그 틈을 노린 선비족이 중국을 쉴 새 없이 침입했다. 이런 혼란 와중에 189년 하급관리 공손도公孫度가 일약 요동태수로 임명된다. 토호들이 공손도가 미천하다고 업신여기자 혹독하게 탄압하며 큰 세력으로 성장한다. 그 후 197년 고국천왕이 갑자기 승하하고 승계 문제로 고구려 내정이 어수선해지자 고구려를 침공했다. 그러나 성공하지 못하고 204년 그의 아들 공손강公孫康이 뒤를 잇고 설욕전을 벌였으나 또 실패했다.

한나라는 고구려와의 투쟁에서 번번이 패하고 국력이 쇠진해 황건적의 난으로 멸망했다. 현재 중국인을 한족漢族이라 부르는 것도 이 한나라 400년에서 비롯되었다. 이런 한나라가 고구려와의 싸움에서만큼은 성공하지 못했다.

고구려처럼 추진력이 좋을수록 준비 과정이 허술할 수도 있다. 하지만 고구려는 달랐다. 강력한 추진력과 치밀한 준비력을 겸비했다. 성을 쌓을 때도 평지성과 산성을 구축했다. 평소에 평지성에서 농사도 짓고 살다가 위기의 순간 산성으로 들어갔다. 주로 바위가 기반인 산성에 잉어장까지 구비해놓았다. 이러한 컨틴전시 플랜contingency plan이 700년 고구려의 비결이다. 위기에 강한 기업들도 고구려처럼 평소에 위기관리 경영 원칙을 정해놓는다.

위기관리의
6대 원칙

1. 평소 위기 대응팀을 구축하고 실전처럼 연습해둔다.

2. 위기를 만나면 강력하고 신속한 컨트롤타워를 가동한다.

지진이나 해일 등 재해가 빈발하는 일본의 도요타, 혼다 등 글로벌 기업들은 위기가 발생하는 순간 위기 대응팀이 최고의사결정기구로 신속히 전환된다. 모든 위기의 파급 효과는 광속이다. 조금이라도 의사결정이 지연되면 그 피해는 눈덩이처럼 불어난다.

3. 최악에 대비한다.

위기관리 능력도 혁신능력 중의 하나다. 위기 상황이 되면 준비된 리더는 정면 대응하지만 우유부단한 리더는 불확실성 속에서 헤매다 끝난다. 위기 시 평소에 예상치 못한 요소들이 빈발한다. 평소 다양한 이해관계자(경영진, 구성원, 고객 등)의 공통의 이해를 고려해 예기치 못한 위협에 대한 대비책을 마련해두어야 한다. 물론 그 대비책에 대한 시뮬레이션도 해두어야 한다.

4. 사실을 파악하고 개방한다.

위기의 진짜 원인을 파악하고 알려야 한다. 감추고 축소하고 왜곡하면 더 큰 화를 자초한다.

5. 아무리 황당한 상황에서도 공감의 원칙은 지켜야 한다.

위기 상황은 반드시 지나간다. 그 과정을 어떻게 헤쳐 나갔느냐가 위기 후의 입장을 결정짓는다. 좋은 대책일수록 구성원의 희망과 정서가 충분히 반영되어 있다.

6. 위기 대응이 끝난 후에 피드백을 한다.

위기 대응의 의도와 결과의 차이는 무엇인가? 그 차이가 있었다면 왜 발생했는지를 정리해 교훈을 얻는다.

이족 정권과의 대결

위에서 살펴본 대로 한족 정권의 한나라는 고구려와의 기나긴 투쟁에서 약화되어 소멸된다. 그리고 이른바 삼국시대(조조曹操의 위나라, 손권孫權의 오나라, 유비劉備의 촉나라)로 진입한다.

반면 고구려는 차츰 강성대국의 길로 나아간다. 이처럼 한족 중심의 냉전시대가 저물자 고무된 북방민족들이 의욕에 넘쳐 열전hot war시대로 돌입한다.

『삼국지』의 절정인 위나라와 오촉연합군의 적벽대전이 208년 11월에 벌어졌다. 220년 조조가 죽은 후 손권은 위나라의 배후에 있던 산서성과 하북성의 지배자 공손연公孫淵과 연대하기 위해 사신을 보냈다.

하지만 위나라를 의식한 공손씨가 오나라 사신들을 죽였는데 일부가 고구려로 도망했다. 고구려는 이들에게 담비 등 진귀한 보물을 선물로 주며 돌려보냈다. 이들을 태운 고구려 배가 양자강을 지나 남경에 나타나자 손권이 환호하며 고구려와 화친을 맺었다. 한편 공손연은 스스로 연왕燕王으로 격상하고 위나라와 맞서기 시작한다.

마침 위나라의 사마의司馬懿와 대치중이던 촉나라의 제갈공명諸葛孔

明이 북벌의 꿈을 이루지 못하고 죽자, 비로소 자유로워져 위나라를 서쪽에서 공격하기 시작한다. 이를 기회로 고구려의 동천왕東川王(재위 227~248)이 동쪽에서 공손연을 공략하기 시작했다.

위나라와 고구려의 협공을 받은 공손연이 무너졌다. 이제 고구려와 위나라의 중간지대에 있던 공손씨 세력이라는 완충장치가 사라졌다. 양대 세력의 대규모 충돌이 불가피하게 된 것이다. 이런 전개를 예측했던 동천왕은 오히려 위나라 영토를 잠식할 기회라고 판단하고, 242년에 요동의 서안평을 습격해 점령했다.

당시 위나라는 오촉연합군과 대결 중이라 관망할 수밖에 없었다. 그리고 4년 뒤 위나라의 유주자사 관구검毌丘儉이 요동을 점거한 고구려군을 공격하기 시작했다. 이 틈을 이용해 백제가 요서 지방에 진출한다. 고구려 동천왕과 위나라 관구검이 벌인 전쟁의 서전緒戰은 지형지물을 이용한 고구려가 대승을 거두었다.

"위나라가 아무리 대군을 몰고 와도 우리의 작은 군대만 못하다. 관구검이 명장이라고? 내 손 안에 든 쥐새끼에 불과하다."

이처럼 위나라의 관구검 부대를 비류수와 양맥곡梁貊谷에서 연거푸 이긴 후 동천왕이 승리에 취해 있는 동안 관구검은 절치부심하며 다음 결전을 준비한다. 위나라 군사가 도강해 강안江岸에 어지러이 내려섰다. 아직 위나라 진영의 대오 정비가 덜 된 틈을 타서 고구려군이 급습했다. 위나라 군대는 양맥곡을 따라 황급히 도망가기 시작했고 고구려 개마부대가 위나라의 후미 부대를 낚아채 3,000의 병력을 죽였다.

이처럼 연전연승하자 동천왕이 위나라를 얕잡아보는 바람에 고구려 병사들도 덩달아 교병驕兵이 되었다. 이에 노련한 관구검이 무분별

하게 덤벼드는 고구려 기병을 역으로 이용한 방형진方形陣 전략으로
쓰러뜨렸다.

위나라군을 추격하는 데에만 신이 난 개마무사들이 관구검이 펼쳐
놓은 진에 무분별하게 뛰어들었던 것이다. 이 전투 이후로 동천왕은
1만 8,000명의 병사를 잃고 환도성까지 함락당한다. 고구려 전쟁 사
상 천추의 한으로 남는 장면이었다. 이런 곤경에서도 밀우密友와 유유
紐由는 결사항전했고 이 가운데 유유는 적진으로 찾아가 거짓으로 항
복하는 척하며 음식을 바쳤다. 한나라 장수가 무심코 받아먹으려는 순
간, 식기 아래 숨겨둔 칼로 찔러 죽였다. 장수를 잃은 위나라 진영은
삽시간에 혼란에 빠졌다. 이를 기다렸던 동천왕이 급습했고 관구검은
철군해야만 했다.

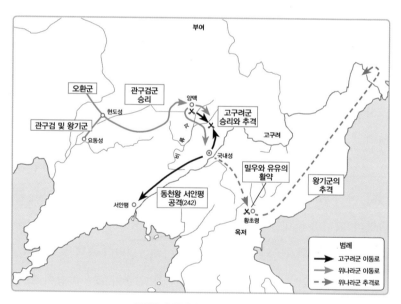

동천왕과 위나라 관구검의 혈투로

이 전쟁으로 인해 위나라는 쇠락하기 시작한다. 동천왕의 고구려도 폐허가 된 도성을 떠나 요하 유역 심양瀋陽으로 비정되는 평양성(장수왕이 천도한 평양과 다른 곳임)으로 천도했다. 이는 더 강력하게 서방으로 진출하겠다는 의지의 표현이었다. 말년에 국세를 만회하기 위해 노력하다가 죽었는데 많은 백성들이 왕의 은덕을 사모해 자사순장自死殉葬을 택하며 왕과 함께 묻혔다.

그 후 15대 미천왕(재위 300~331)시대 즈음에 북방의 흉노匈奴, 선비鮮卑, 저氐, 갈羯, 강羌족(5호16국시대의 5호)이 일어나 위나라의 뒤를 이은 서진西晉을 괴롭히기 시작했다. 서진 내부에 '8인 왕족의 내란八王之亂'을 일으키며 서로 우위를 점하기 위해 위의 5호를 앞 다투어 중원으로 끌어들인다. 이 무렵 미천왕이 낙랑군, 현도군, 대방군을 정벌한다.

이와 같은 투지의 기초 위에서 광개토대왕에 이르러 고구려는 더는 요동에만 머물지 않고 서북의 아랍선산阿拉善山과 염수까지 이르렀다. 고구려는 초기에 한사군과 대결, 후기에 수당의 70년 침략 전쟁에서 대부분 승리했다.

화려한 고구려 전쟁사 중 몇 번의 패배가 있었는데 그중 초기에 동천왕의 패배가 가장 뼈아픈 기록으로 남아 있다. 이 패배의 이유가 성공한 자의 자만이었다. 이를 휴브리스hubris라 한다.

휴브리스의 함정에 빠지지 않으려면 과거의 성공 방정식에 매이지 않아야 한다. 똑같은 성공 방정식이 실패 방정식으로 돌변하는 경우가 많은데 이유는 3가지다.

1) 그 방식으로 실패를 경험했던 경쟁자가 절치부심해 자기가 당했

던 방식을 깨트릴 구상을 하기 때문이다.

2) 설령 경쟁자가 완전히 제거되었다 해도 다른 경쟁자는 다른 방식으로 대응하기 때문에 기존 성공 방정식의 약점이 노출될 수 있다.

3) 과거 성공 방정식이 통용되었던 상황이 변해 이제는 통하지 않을 수 있기 때문이다.

미국의 경영 컨설턴트인 짐 콜린스Jim Collins도 성공 기업 몰락의 첫 단계를 "성공했다는 자만심"이라 했다. 고구려 전쟁사 중, 중원 세력이든 북방종족이든 어떤 세력과 싸워도 패배한 적이 많지 않다. 몇 번의 패배 중 초기의 가장 뼈아픈 것이 동천왕의 자만에서 비롯되었다. 어떤 리더든 동천왕처럼 경쟁에서 몇 번 승리했다고 자만에 빠져 구성원들 앞에서 호언장담하기 시작하면 구성원들이 긴장을 풀고 무분별하고 방만한 행동을 하기 시작한다. 그런 가운데 경쟁자의 덫에 걸리고 만다.

역사서 편찬과 데이터 경영

우리의 고대사 자료들은 모두 어디로 갔을까? 중국에는 기원전 100년경의 사마천의 『사기』, 그리고 『초한지』, 『삼국지』 등이 즐비하고 일본도 712년의 『고사기』가 있다. 우리도 삼국시대에 사서를 만들었다. 고구려 영양왕 때 이문진이 건국 초부터 내려온 『유기留記』 100권을 간추려 『신집新集』 5권을 편찬했고, 신라도 진흥왕 때 거칠부가 『국사國史』를, 백제는 근초고왕 때 고흥이 『사서史書』를 편찬했다. 그런데 다 사라지고 고려시대 김부식의 『삼국사기』와 일연의 『삼국유사』만 전해온다. 그 많던 고서는 다 어디로 갔을까?

외세의 침략과 내란 등 소실 요인이 많았지만 그중 가장 타격을 준 3가지는 다음과 같다. 삼국통일전쟁 당시 나당연합군에게 백제 도성이 점거당하며 사고史庫가 불에 탔고 고구려 역시 평양성이 함락되며 사고가 전소되었다. 후삼국에 이르러 후백제의 견훤이 전주에 모아두었던 서적들도 전쟁 중에 소각되었다. 그렇다 하더라도 민가 등이 보유한 서적은 전승되었을 것이다.

이 서적들을 김부식이나 일연이 참조했다. 그 후에도 몽골의 침략, 임진왜란, 병자호란 등을 거치며 귀중한 사료들이 소실되어갔다. 마지

「삼국사기」 「삼국유사」

막으로 고서 소멸과 유실에 결정타를 가한 시기가 일제 강점기였다.
일제는 일선동조론日鮮同祖論을 내세우며 일본의 조선 병합은 일본 본
가로 조선이 복귀하는 것과 같다고 강변했다. 이런 시각으로 조선사
편찬 작업을 하며 일본 역사보다 앞선 고대사 등에 관련된 자료 20만
여 권을 수거해 없앴다. 단군조선의 단군 등 상고사를 모조리 신화로
치부해버리고 조선 역사의 출발을 삼국시대 정도로 끌어내렸다.

일본의 조선 역사 지배 야욕은 일제 강점기 이전부터 은밀히 추구
되었다. 그 일환으로 1982년 밀정 사코 가케노부酒勾景信 중위를 만주
로 보내 광개토대왕비 일부를 날조한 것이다.

사마천의 「사기」

그 후 청일淸日 양국
이 자국에 유리한 역
사 해석 등등의 목적
으로 비석 문자에 석
회칠을 해 마멸과 오
독을 유발했다. 광개
토대왕비에는 고구려

시조 주몽의 건국신화부터 광개토대왕에 이르는 세계世系, 비의 건립 경위, 광개토대왕의 정복 활동 등이 새겨져 있다.

비의 문맥 등으로 보아 조작 가능성이 가장 큰 부분 중 하나가 신묘년 기사다.

> 백잔신라 구시속민 유래조공 이왜이신묘년래 도해 파백잔 □□□라 이위신민百殘新羅 舊是屬民 由來朝貢 而倭以辛卯年來 渡海 破百殘□□□羅 以爲 臣民.
>
> (백제와 신라는 고구려의 속국으로 조공을 바쳐왔는데, 왜가 신묘년에 바다를 건너와 백제와 신라를 파하고 신민으로 삼았다.)

여기서 '해海' 자 등 일부 문자가 변조되었을 가능성이 큰 것으로 보고 있다. 당시 동아시아 상황에 비추어볼 때 왜가 신라와 백제를 굴복시킬 수가 없었다. 장수왕이 세운 광개토대왕비에는 고구려 건국신화부터 400~500년의 역사를 응축해놓았다. 엄청난 독서량이 아니고는 불가능한 일이다. 고구려는 삼국 중 한자가 제일 먼저 들어왔고 그 이전에도 어떤 형태로든 기록 문자가 있으리라고 본다.

특히 개국 초 누군가 100여 권에 달하는 역사서를 집필했다. 고구려 건국의 배경인 고조선과 주변 나라들의 역사가 수록되었을 것이다. 소수림왕이 즉위 2년째인 372년에 설립한 태학에서 귀족 자제들이 15세 무렵 입학해 오경(『시경』, 『서경』, 『주역』, 『예기』, 『춘추』)과 삼사(『사기』, 『한서』, 『후한서』)를 배웠다. 필시 『유기』 100권도 읽었을 것이다.

그랬기에 건국 초에 제작된 『유기』 100권을 600년 후인 영양왕 때 이문진이 새롭게 편집할 수 있었던 것이다. 고구려인들은 귀족뿐 아니라 일반 백성들도 교육열이 대단했다.『구당서』에 보면 "형문시양衡門廝養(누추하고 천한 집)까지 글을 좋아하고, 사통팔달의 거리에 큰 경당을 짓고 주야로 독서하며 활쏘기를 즐겼다"고 한다.

수 문제의 30만 대군을 물리친 2년 후 사서『신집』을 편찬해 천하의 승자다운 면모를 과시했다. 고구려의 위용은『유기』100권의 데이터베이스를 기본으로 왕권 강화를 위한 경서 교육, 시대를 읽기 위한 중국 사서와 고구려 사서 등의 학습에서 나왔다. 신채호 등은『유기』가 동명성왕(주몽) 또는 대무신왕 시기에 편찬되었다고 한다.

이 거대한 작업을 왕실의 승인이나 후원 없이 하는 것은 불가능하다. 또한 2대 유리왕의 4언 4수의 한역 서정시조인「황조가黃鳥歌」역시 깊은 학습 끝에 나온 작품이다.

광개토대왕 등 왕들뿐 아니라 을지문덕, 연개소문 등도 모두 고구려의 학문 중시 분위기에서 자랐다. 그 많던『유기』100권을 비롯한 고구려의 찬란한 데이터가 평양성 함락과 함께 사라졌다. 이는 경쟁국의 위대한 역사를 지우고 역사를 각색하려는 승전국의 야욕에서 비롯된 것이다. 왜 그렇게 경쟁국의 과거 역사를 왜곡시키려 할까? 역사가 곧 미래이기 때문이다.

"현재를 지배하는 자가 과거를 지배하고 과거를 지배하는 자가 미래를 지배한다."

이 경구는 우리 민족의 유구한 역사의 아픔을 적나라하게 표현해준다. 적어도 일제 강점기까지 당대 통치자가 과거의 역사를 자의적으로 제거하고 재단하고 해석했다. 과거의 불리한 자료를 없애고 왜곡했으나, 디지털화된 초연결 지능사회가 되면서 새롭게 공개되는 자료들로 한반도의 찬란한 역사가 다시 조명되고 있다.

데이터는 과거의 진실을 직면하게 해줄 뿐 아니라 당면 과제에 대한 지혜와 미래 전략 수립에도 큰 도움이 된다. 사물인터넷시대의 필수인 빅데이터 경영 전략도 조직 경험의 집합체인 데이터를 전략적 자산으로 활용하는 것이다. 빅데이터 경영이 기존 경영과 가장 두드러진 차별점은 의사결정 과정의 편견을 줄인다는 것이다.

최고위층에 올라갈수록 자기가 좋아하고 믿는 정보만을 찾는 경향이 있다. 이것이 확증편향이며, 확증편향에 물든 정보만 접할 경우 몰입상승이 되어 결국 매몰 비용이 엄청나게 증가한다.

빅 데이터를 기반으로 한 정보는 의사결정 과정의 선입견을 완화시켜준다. 그 많은 데이터 중에 필요하고 가치 있고 의미 있는 데이터를 선정해야 한다. 예를 들어 글로벌 동영상 플랫폼 기업 넷플릭스Netflix는 일찍이 개인 맞춤형 콘텐츠 제공을 위해 고객이 시청한 모든 기록을 분석해 개인 취향에 맞는 콘텐츠를 추천하는 인터넷 스트리밍 서비스를 최초로 시작했다. 그리고 얼마 지나지 않아 미국 최대 케이블 방송을 추월했다.

5

하늘에
태양은 하나다

고구려와 중국의 천하관 충돌

천하를 어떻게 보느냐가 천하관天下觀이다. 일종의 세계관이지만, 천부적 소명감 같은 것까지 내포되어 있어서 세계관보다 훨씬 근원적이다. 고구려의 천하관은 고구려 왕의 존재 의미에서 비롯된다. 개국 시조 주몽은 천제의 아들, 곧 태양의 아들이었다. 그러므로 그의 후손들도 태양의 후예가 된다. 그래서 장수왕이 만든 광개토대왕비에도 고구려의 천하관이 명백히 나타나 있다.

> 은택흡우황천 위무불피사해恩澤洽于皇天 威武拂被四海.
>
> (은택이 황천에 골고루 미치고, 위엄은 사해에 떨치셨다.)

황천은 하늘이고 사해는 온 세상이다. 광개토대왕의 위무가 온 세상과 하늘까지 두루 도달했다는 것이다. 한마디로 고구려 왕이 곧 천하의 주인이라는 뜻이다.

문제는 고구려와 인접해 용호상박龍虎相搏의 다툼을 벌이던 중국도 이와 대등한 천하관을 가지고 있었다는 점이다. 그들은 예로부터 자국 황제를 주몽처럼 하늘의 아들天子이라 일컬으며 주변 이민족을 오랑

캐라 칭했다.

이런 중국의 천하관을 한 무제 때 동중서가 중화주의中華主義로 정립한다. 춘추전국시대의 백가쟁명百家爭鳴 중에서 유가儒家를 통치이념으로 채택한 것이다. 중원을 중심으로 놓고 변방을 주변으로 수렴하는 차별적 구도를 설정하고, 변방의 이민족에게 한나라 중심으로 군신의 예의를 다하라고 강요하기 시작했다.

이 때문에 고구려와 한나라는 물과 기름처럼 상극이 되어야만 했다. 한나라는 결국 고구려를 꺾지 못한 후유증 속에 멸망했다. 그 후 400년 정도 남북조시대의 혼란이 지속되는데 수나라가 중국 역사상 세 번째로 통일을 이룬다.

이 시기의 고구려 왕이 26대 영양왕(재위 590~618)이다. 중원을 정리한 수 문제가 시선을 북쪽으로 돌려 돌궐과 고구려를 주목했다. 우선 고구려의 지형과 내부 사정을 염탐하기 위해 사신을 수차례 보냈다.

영양왕도 사신을 보내 수나라의 동태를 살피는 한편 말갈족, 거란족과 연대를 강화했고 수나라에 위협적이던 돌궐과도 좋은 관계를 모색했다. 그런 가운데 수나라도 말갈과 거란을 포섭하려는 기미가 보이자 영양왕이 598년 말갈 기병 1만 명을 휘하에 거느리고 요서에 선제공격을 단행했다.

불의의 기습을 받은 수나라 문제가 길길이 날뛰며 30만 대군을 동원해 공격했다. 하지만 마침 장마가 시작된 데다가 보급선마저 고구려군에게 차단당했다. 게다가 수나라 주라후周羅睺의 수군까지 고구려의 명장 강이식姜以式의 탁월한 전략에 말려들어 다수가 바다에 수장되었다.

1차 고수전쟁 후 중국이 고구려를 두려워해서 교역을 재개하는 등 양국 사이에 십 수 년간 소강 상태가 이어진다. 그러나 문제 이후 양제가 즉위하며 수도를 장안에서 낙양으로 옮기며 대제국을 이루려는 야망을 드러냈다.

그의 첫 목표는 당연히 고구려 정벌이었다. 결국 2차 고수전쟁이 터졌지만 을지문덕에게 대패하고 만다. 다시 전열을 정비해 3차 고수전쟁을 벌였지만 요동성을 넘지 못하고 무릎을 꿇었다.

그 후에도 614년에 네 번째로 고구려를 공격해 약간의 성과를 거두었지만 내분 상태에 접어든 자국 사정 등으로 물러나야 했다. 결국 수양제는 618년 피살되었다. 이를 지켜보며 고구려를 재건하는 데 동분서주하던 영양왕도 같은 해 9월 승하했다.

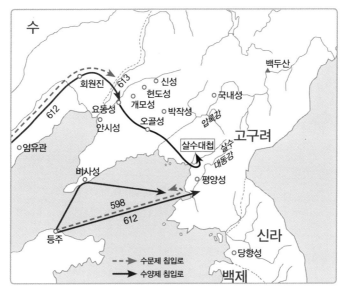

고수전쟁 때 수나라군의 침입 경로

기존 패권국가established power는 신흥강대국rising power의 부상을 위협으로 인지해 전쟁이 유발될 수 있다. 우리 고대사에서도 낯익은 풍경이다. 먼저 동북아 패권을 차지한 고조선에 한나라가 도전했고, 당시 한나라에 고구려가 도전했다. 특히 정복 전쟁이 주요 사업인 고대국가에서 패권을 추구하는 두 나라가 양립하기는 불가능했다.

투키디데스의
함정

유명한 『펠로폰네소스 전쟁사』를 저술한 투키디데스는 아테네의 부상과 기존 패권국 스파르타의 두려움을 펠로폰네소스전쟁의 원인으로 파악했다. 이것이 '투키디데스의 함정Thucydides trap'이다. 기존 패권국가는 신흥강대국의 부상을 위협으로 인지해 전쟁이 유발된다는 것이다. 이를 인용해 전 하버드대학 교수 그레이엄 앨리슨은 저서 『예정된 전쟁』에서 미국과 중국의 패권 전쟁이 불가피하다고 보았다. 지금 우리는 20세기를 지배한 미국과 급성장한 13억 인구의 중국의 용호상박을 보고 있지만 우리 고대사에서도 낯익은 풍경이다. 먼저 동북아 패권을 누리던 고조선에 한나라가 도전했고, 한나라가 패권을 차지하자 다시 고구려가 도전했다. 이런 사례들을 보면 투키디데스가 "역사는 되풀이된다"라고 한 말이 맞다.

두 왕의 상반된 비전

한 시대의 숙적이었던 수 양제와 고구려 영양왕이 똑같은 천하관을 품고 같은 해에 죽었다. 그 후 고구려와 중국은 어떤 관계로 나아갔을까?

수나라를 정복한 당나라는 중화주의를 더욱 강화한다. 이에 비해 영양왕을 승계한 27대 영류왕의 천하관이 흔들린다. 신하도 백성도 아닌 왕이 국가적 정체성의 혼돈을 야기한 것이다.

리더의 천하관이 다르면 대외 대응 전략도 다르게 나타난다. 영양왕과 영류왕이 중국을 대하는 자세는 완전히 상반되었다. 수나라로부터 위협을 감지한 영양왕은 전쟁에 대비해 말갈족, 거란족, 돌궐족과 안정적 관계를 모색했다.

서북의 북제가 모체인 수나라가 고구려와 인접한 동북의 북제를 무너뜨리며 통일왕조를 세웠기 때문에 북제의 유민들은 수나라에 악감정이 있었다.

영양왕은 이를 십분 활용해 고도의 첩보 전략을 수행했다. 이처럼 초원정치에 개입하는 고구려를 수나라도 더는 묵과할 수 없어 수시로 사신을 보내 정탐을 시도했다.

그러나 영양왕은 수나라 사신들을 한적한 곳에 머물게 하고 감시자를 세워 정보를 수집하지 못하게 막았다. 그리고 치열한 첩보전을 통해 수나라가 최신 무기를 개발했다는 것을 알고 이를 빼내기 위해 수나라의 태부太府까지 태자를 밀파해 기술자를 데려왔다.

그리고 말갈 기병을 거느리고 수나라를 선제공격해 수나라의 말갈 포섭정책을 물거품으로 만들었다. 그러면서도 한편으로 이문진에게 역사서를 편찬하게 해서 고구려인들에게 국가의 천하관 의식을 끊임없이 고취시켰다. 이에 비해 당나라와 맞서야 했던 영류왕은 전혀 다른 대응을 한다.

고구려에 패전한 후유증에 헤매던 수나라는 당나라를 세운 이연, 이세민 부자에게 멸망했다. 당이 건립되던 해에 영류왕도 즉위했다. 당 고조가 즉위한 이듬해 사신을 보내고, 그 후 매년 사신과 조공을 바치며 당나라를 다독였다.

당 태종

당나라에서 고수전쟁의 포로를 돌려보내라고 요구하자 1만 명을 송환했다. 또한 젊은이들을 당나라 문화를 배우라며 파견하기도 했다. 그 후 당 고조 이연의 차자 이세민이 고조를 연금하고 당 태종으로 등극했고 돌궐의 국왕 힐리가한頡利可汗까지 사로잡았다. 당 태종을 크게 의식한 영류왕은 당 태종의 집권을 축하한다며 고구려의 지도인 봉역도封域圖까지 바쳤다.

최고 군사기밀인 지형도를 당나라에 내주었다는 것은 영류왕이 고구려의 천하관을 포기했다는 뜻이다. 그뿐 아니다. 앞으로 당나라와 평화로운 관계를 맺어야 한다며 고수전쟁의 승전 기념물인 경관京觀 (수나라 전사자의 뼈로 만든 탑)마저 허물었다.

꾸준히 저자세로 나오는 영류왕을 바라보는 당 태종은 고구려 왕이 저 정도라면 쉽게 정복할 수 있으리라 보고 병조의 군사 지도 담당자인 진대덕陳大德을 사신으로 보냈다. 진대덕은 평양으로 가면서 중요한 성읍을 둘러보며 성주와 토호 세력들에게 거액을 뿌렸고, 고구려 조정의 관리들에게도 엄청난 뇌물을 뿌렸다. 그 대가가 고구려의 산세, 도로 등 지형지물과 요새의 정보를 상세히 파악하는 것이었다. 고구려에서 귀국한 진대덕의 보고를 받은 당 태종이 본색을 드러냈다.

"고구려는 원래 한사군의 영토가 아니더냐. 내가 군사를 내어 요동을 친다면 반드시 국력을 기울여 반발할 것이다. 그때 산동반도에서 수군을 동원해 바다 건너 평양으로 가면 된다."

영류왕은 당 태종을 몰라도 너무 몰랐다. 그는 고구려의 저자세에 만족할 수 없었고, 반드시 고구려를 정복해야만 했다. 이런 정황을 지켜보던 고구려의 강경파들이 반발한 것이 '연개소문의 정변'이다. 대당 굴욕외교로 일관하는 영류왕을 제거하고 고구려의 근본인 천하관을 유지하기 위한 혁명이었다.

영류왕 시대는 리더의 비전이 조직의 정체성과 다를 때 조직이 겪는 혼돈을 극명하게 보여주고 있다. 리더는 항시 우리 조직이 지향해야 하는 가치가 무엇이어야 하고 무엇이 바람직한지를 염두에 두어야 한다.

파스칼과 애토스Pascale & Athos가 1981년에 제시한 조직개발 OC(organizational culture)의 7S가 있다. 공유가치Shared values, 전략 Strategy, 구조Structure, 제도System, 구성원Staff, 관리기술Skill, 행동유형 Style 등인데 이 중 첫 번째를 공유가치로 보았다. 그만큼 리더와 구성 원이 서로 가치를 공유하는 것이 곧 조직 발전의 기초인 것이다.

리더와 조직 구성원의 정체성이 다르면 조직의 역량은 분산된다. 한 조직의 정체성은 구성원이 공유한 신념으로 형성된다. 따라서 리더는 항상 조직이 지향하는 가치가 무엇이어야 하고 무엇이 바람직한지를 염두에 두어야 한다. 조직의 정체성이 조직의 문화로 나타난다. 조직 문화 속에서 구성원들의 공통가치는 물론 개인의 성격 등도 일정 부 분 다듬어진다.

조직문화가 시대와 부합하지 않을 때는 리더가 구성원들을 충분히 토론하고 설득하는 과정을 거쳐서 부합하게 해야 한다. 하지만 이런 경우 기존 문화에서 이득을 얻는 반대 세력을 무마하기가 쉽지 않다.

이를 위해 리더가 저항에 대처하는 개혁 주도 그룹을 만들어야 한 다. 물론 이 그룹은 도덕적 정당성과 시대적 명분을 충분히 갖춰야 한 다. 또한 리더는 자신의 선의의 의견을 소신 있게 말하는 악마의 대변 자devil's advocate 역할도 해야 한다. 그래서 조직 문화를 개혁할 때는 '무엇을 바꿀 것인가What to do' 보다 '어떻게 바꿀 것인가How to do'가 중요하다.

동북공정의 뿌리

수나라에 이어 당나라도 고구려와의 전쟁에서 지고 말았다. 그때서야 당나라는 독자적으로 결코 고구려를 정복할 수 없음을 깨닫고 당시 백제의 압박으로 위기를 만난 신라와 합세해 먼저 백제를 멸망시켰다. 이는 당나라의 대 고구려 정복 작전의 일환이었다.

그 후 백제 침공에 파견되었던 소정방蘇定方의 주력부대를 고구려 침략에 투입했지만 고구려를 정복하지 못했다. 그러나 연개소문이 665년에 죽은 후 세 아들 남생男生, 남건男建, 남산南産이 암투를 벌이며 상황이 달라졌다. 지도층 일부가 먼저 신라에 투항하고 일부는 당나라에 투항하기 시작했다. 공든 탑이 외부 충격에 의해서가 아니라 내부 균열로 주저앉은 것과 같았다.

중국 왕조는 단독 전쟁으로 고구려를 정복하지 못했다. 그런 고구려를 정치적 목적으로 속국처럼 만들려는 시도가 동북공정이다. 그래야만 한민족의 구심점인 고조선과 고구려 역사를 중국사로 편입할 수 있고, 한민족의 역사적 활동 반경을 한강 이남선으로 축소시키는 결과가 도출되기 때문이다.

그러면 동북공정을 시도하게 된 계기는 무엇일까? 중국은 56개 민족으로 구성된 나라다. 역시 다민족으로 구성된 소련의 해체를 목도했다. 게다가 동북 3성(길림성, 흑룡강성, 요령성)에 거주하는 조선족이 한국과의 빈번한 교류로 동포로 인식되면 영토 문제가 발생할 수도 있다고 보았다.

중국의 사방 변경의 60퍼센트 정도에는 조선족뿐 아니라 다양한 소수민족이 거주하고 있다. 이들을 하나로 묶어야 중국 체제가 흔들리지 않는다. 오랜 기간 다른 언어와 다른 역사를 간직하고 살아온 소수민족을 하나의 역사로 묶고자 하는 것이 중국의 공정이다.

따라서 동북공정 이전에도 티베트 지역의 서남공정, 내몽골과 위구르 지역의 서북공정이 진행되었다. 분리 독립을 사전에 막기 위해 그지역이 고대부터 중국의 일부였다는 억지 논리를 개발한 것이다.

중국의 공정은 학술적 프로젝트가 아니라 국경지대의 안전을 위한 정치적 프로젝트다. 동북공정이 진행되기 이전에는 중국의 유명 학자의 저서나 교과서에도 고구려사는 한국사, 즉 한반도의 고구려, 신라, 백제의 삼국사로 기술되어 있었다.

그러나 동북공정 이후로는 고구려와 발해는 물론 고조선까지 중국사라는 억지 주장을 내놓기 시작했다. 특히 고조선의 강역이었던 요하지역에서 발굴된 신석기와 청동기문화가 중화문명의 시발점으로 삼았던 황하문명보다 앞서고 발달된 것으로 드러나자 요하문명을 중화문명으로 편입시키려는 것이다.

고조선의 영토였던 만주에 한나라가 군현을 설치하기도 했으나 고구려는 그것을 되찾았다. 유럽에서 발견된 고지도 등을 보면 간도는 조선 땅이었다. 일제가 간도협약으로 간도를 청나라에 넘겨주었다. 따라서 언젠가 한반도가 통일되면 반드시 제기될 간도 문제를 사전에 차단하는 효과도 노리고 있다.

하지만 동북공정의 허구성은 역사서에 차고 넘친다. 그중 하나만 소개한다. 조선의 개국공신 조준趙浚이 명나라 사신을 맞아 함께 백상루百祥樓에 올라 읊은 시가 있다.

> 살수의 시퍼런 물이 굽이쳐 흐르는데
> 수나라 병사 백 만이 물고기 밥이 되었네.
> 지금까지 어부와 나무꾼들도 이야기하고 있으니
> 나그네들의 비웃음거리로구나.

이 시를 들은 명나라 사신들은 얼굴이 벌게져서 고개를 들지 못했다.

동북공정 사업은 2002년 2월부터 5년 계획으로 시작해 2007년 7월에 종료되었다. 하지만 그 여파는 지속되고 있다. 중국이 취해온 일련의 공정 흐름(서남공정, 서북공정, 동북공정 등)은 디지털시대의 글로벌 흐름과도 맞지 않다. 디지털시대의 경영 전략 중 하나가 '공유가치 창출CSV(creating shared value)'인데, 중국의 공정 흐름은 산업시대 이전에나 통용될 수 있었던 과거사의 '독과점정책monopoly policy'에 불과하다. 중국의 공정 사업처럼 자국 또는 자사의 이익만을 추구하면 결국 고객의 공감을 얻지 못해 성장 동력이 하락하게 된다.

사물인터넷과 정보통신기술ICT의 비약적 발전으로 공개되지 않았던 고유의 데이터까지 드러나고 있다. 역사도 마찬가지다. 일부가 독

점하던 과거의 주요 데이터들이 오픈되어 있다. 개인의 설계 단계와 생산물의 중간 과정의 빈 구석을 메워가면서 설계의 원천적 오류까지 발견해내는 시대다.

또한 공유가치 창출은 기업의 경쟁력 제고를 통한 장기적 수익을 창출하는 투자이기도 하다. 과거에도 기업의 사회공헌 활동 CSR (corporate social responsibility)이 있었지만 기업의 이익과 무관한 사회적 책임으로만 이해되었다. 하지만 지금은 공유가치 창출이 기업의 이미지 재고뿐 아니라 기업의 터전인 사회를 건강하게 한다는 것을 알게 되었다. 중국의 이민족 역사 침탈인 각종 공정 정책은 글로벌 사회와 공유할 수 없는 독단이다. 이는 사회와 공유하는 가치가 경제가치로 창출되는 시대에 역행하는 것이다.

6

당 태종,
"두 번 다시
고구려를
침략하지 마라"

을지문덕의 리더십,
수 양제의 리더십

612년 살수대첩의 영웅 을지문덕. 그가 없었다면 아버지와 형을 죽이고 제위를 찬탈한 수 양제가 신라와 백제를 그대로 두었을 리 없다. 그렇다면 통일신라도, 그리고 그 후의 한민족 역사까지도 위태로웠을 것이다.

수 양제는 스스로 제2의 진시황, 또는 한 무제처럼 되고 싶은 야욕이 넘쳤다. 하지만 겉모습만 두 황제를 추구했을 뿐 본질은 자기의 위대함을 과시하려는 욕구로 가득 찼다.

그는 중국 역대 황제 중 가장 풍부한 유산을 물려받았다. 그의 아버지 문제가 581년 남북조를 종결하고 수나라를 세운 후, 내실 있는 정책을 펼친 덕분이었다.

진시황에 이어 두 번째로 중국을 통일한 수나라 초대 황제 문제는 새로운 과거제도를 실시했고 토호를 무너뜨리기 위해 향관鄕官과 주관州官을 폐지했다. 화폐도 통일하며 중앙집권 체제의 토대를 닦았다. 수 문제는 목적에 의해 정책을 펴는 리더였다. 남북조시대의 허약한 통치 구조를 체감했던 그의 목적은 강력한 중앙집권 체제를 세우고 민심을 안정시키는 것이었다. 그 결과 『자치통감』에 의하면 수 문제는

"백성들 세금 없이도 50년을 지탱"할 수 있도록 중국을 최강의 나라로 만들었다. 이런 거대한 유산을 양제는 즉위하자마자 대규모 토목사업을 벌이며 탕진하기 시작했다.

수 문제와 달리 수 양제는 조직의 목적을 위한 리더가 아니라 자기를 위해 조직을 동원하는 리더였다. 그는 남부와 북부를 연결하기 위해 양자강과 황하를 잇는 대운하 공사, 만리장성 개축 공사, 웅장한 궁궐 공사 등을 벌였다. 이런 공사에 매년 1억 5,000만 명 이상을 동원했고, 한 공사 구간에 200만 명을 강제 동원했다. 수십 만 명의 인부가 죽어가는데도 운하의 둑에 멋진 버드나무를 심고 용주龍舟를 타고 즐겼다.

이 정도에서 그쳤다면 나라가 망하지는 않았을 것이다. 양제는 이민족들도 정벌해 자기의 힘을 과시하고자 했다. 처음에는 자신의 뜻대로 잘 풀렸다. 돌궐과 토욕혼土谷渾 등 이민족들과 싸워 승리도 했다. 그러나 고구려라는 단단한 벽에 부딪친다.

화가 난 양제는 아예 고구려를 전멸시키기로 작정하고 612년 113만의 원정군을 거느리고 친히 전쟁에 나섰다. 그 행렬이 1,000리에 달했다. 이들 육군 외에 엄청난 수의 수군도 산동반도에서 출항했는데 배의 행렬의 끝이 보이지 않았다.

하지만 수나라 육군은 요동성에서부터 발목이 잡혔다. 수나라가 공격하면 성안에 있다가 공격이 뜸하면 소수 특공대를 내보내 괴롭혔다. 요동에서 수 양제가 발이 묶였을 때 내호아來護兒와 주법상周法尚이 이끄는 수군이 대동강에 내려 곧바로 평양성으로 진격했다.

하지만 고구려의 유인 작전에 빠져 평양외성까지 깊이 들어갔다가

텅 빈 절에 숨어 있던 고구려 복병
들에게 기습을 당한 후 혼비백산하
여 대동강변으로 도망쳤다.

바로 그때 수 양제도 요동에만
집착할 수 없다며, 우중문于仲文과
우문술宇文述에게 30만 별동대를
주어 곧바로 평양성으로 직공하라
고 명하면서 특별히 주의를 주었다.

"고구려 왕이나 을지문덕을 보거
든 반드시 사로잡아라."

수 양제의 특명을 받은 우중문과

수 양제

우문술의 육군이 요동성을 우회하여 압록강에 도달했다. 먼 길을 진군
하느라 군량미도 고갈되었고, 특공작전이라 보급선도 확보되지 못했
다. 모두가 지쳐 있는데 압록강 건너편에 진을 치고 있던 고구려군 사
령관 을지문덕이 백기를 들고 수나라 본영으로 찾아왔다. 수나라 군대
의 실상을 보고 허실을 파악하려고 직접 나선 것이다.

"귀국의 100만 대군 앞에 우리 고구려는 맞설 힘이 없습니다."

초라한 몰골로 혈혈단신 찾아온 을지문덕을 보고 수나라 장수들은
의견이 분분했다.

"너의 위명과 달리 행색이 초라하기 그지없구나. 네 발로 여기 들어
왔으니 이제 돌아갈 생각은 아예 마라."

하지만 위무사 유사룡劉士龍이 다른 의견을 내놓았다.

"항복한 적장을 잡아두는 것은 군자의 도리가 아니니 대국의 체면

을지문덕 장군

이 뭐가 되겠소?"

덕분에 을지문덕은 무사히 돌아올 수 있었지만 그 한마디에 수나라군의 앞날에 시커먼 먹구름이 낀다. 물론 유사룡이 모르고 한 말이지만 전쟁 중 전략회의 때 장수의 한마디가 얼마나 결정적인지 보여주는 사례다.

하여튼 유사룡 덕에 을지문덕이 압록강을 건너가는데, 수나라 수뇌부는 그제야 속은 줄 알고 병사를 보내 "긴히 할 말이 있으니 돌아오라"고 소리쳤다.

그러자 을지문덕이 뒤를 돌아보고 웃더니 말없이 배를 저어 고구려 진영으로 돌아갔다. 불길한 생각이 든 우문술이 우중문에게 군수물자가 바닥났으니 요동으로 돌아가자고 권하자 우중문이 펄쩍 뛰었다.

"무슨 소리를 하십니까? 이대로 돌아가며 황제를 어떻게 뵌단 말입니까?"

그래서 수나라 군사들이 압록강을 건넜는데 고구려 군사 중 소수 병력이 막는 척만 하다가 도주했다. 수나라 대군이 쫓아가보면 고구려 진영이 텅 비었을 뿐 아니라 주변 농가 등 곡물을 모두 불태워 사라지고 없었다.

고구려 특유의 청야 전술을 구사하고 있었던 것이다. 이를 무시한 채 수나라 대군은 추격을 계속했고 고구려군은 싸우는 척하다가 계속 도망갔다. 어떤 날은 하루에 일곱 번 싸우다가 일곱 번 모두 도주하며 수나라 대군을 점차 고구려 영토 깊숙이 끌어들였다.

조직은 누가 이끄는가? 리더인가? 조직의 목적인가? 사실 이런 질문은 성립할 수 없다. 리더가 조직의 존립 목적 안에서 조직을 지휘 감독하는 것이다. 조직의 존립 목적과 리더의 방향이 일치할 때 리더와 구성원의 역량이 시너지를 일으키면 조직이 융성한다. 수 양제와 을지문덕의 리딩 차이가 그것을 증명한다. 철학 없이 자기 과시욕으로만 일관하다가 역사상 가장 많은 유산을 탕진한 수 양제의 기만적인 처세술로 수나라는 개국 37년 만에 붕괴되었다.

을지문덕의 살수대첩,
수나라 군을 농락하다

왜 을지문덕은 패색이 짙은 수나라 진영을 둘러보고도 압록강변에서 싸우지 않았을까? 수나라를 이기더라도 심대한 타격을 주고 이겨야만 후환이 적기 때문이다. 이대로 수나라 대군을 물러가게 하면 이들은 다시 더 많은 병사를 동원해 침략할 것이 분명했다. 따라서 이번에 수나라의 예봉을 확실하게 뭉개두어야만 했다.

그래서 을지문덕은 이길 수 있는 적이지만 일망타진할 그물망 속으로 깊이 끌어들였다. 고구려군이 도주만 하자 조금 이상하기는 했지만 기세등등하게 수나라 군사가 뒤쫓으며 어느덧 평양성 30리 밖까지 들어왔다.

평양성이 잘 보이는 산에 진을 친 우중문과 우문술이 이제 저 성만 점령하면 고구려는 물론 신라, 백제까지도 자기들 수중에 떨어질 것이라 생각하고 있을 때였다. 말을 탄 고구려 병사 한 명이 달려오더니 을지문덕이 우중문에게 주는 시라며 두루마리를 내놓았다.

신책구천문 묘산궁지리神策究天文 妙算窮地理

전승공기고 지족원운지戰勝功旣高 知足願云止.

두루마리를 펴든 우중문의 낯빛이 하얘졌다. "신묘한 전술이 천문지리에 통달했지만 승전의 공이 이미 높으니 이제 족한 줄 알고 그만두라"며 칭송하는 내용 같지만 사실은 조롱하고 있었던 것이다. 을지문덕이 허기에 지쳐 빈사 상태인 수나라 대군을 종이호랑이로 파악하고 있다는 것이 분명해지자 수나라군 지휘부는 퇴각하기 시작했다.

그러나 그냥 보내줄 을지문덕이 아니었다. 이 시간만 기다렸다는 듯 총공격 명령을 내렸다. 고구려군의 추격을 피해 도망가는 수나라군을 곳곳에 매복해 있던 고구려군이 공격했다. 이것이 전부가 아니었다. 을지문덕은 미리 수나라 대군의 마지막 장지葬地로 살수薩水(청천강)를 설정해놓았다. 일설에 의하면 을지문덕은 상류를 미리 막아두고 고구려 병사를 승려로 변장시켜 살수를 건너게 했다. 그들이 얕은 강을 건너는 것을 본 수나라 군대가 전군前軍, 중군中軍, 후군後軍의 순서로 뒤따라 건넜는데, 강 중간쯤에 다다랐을 때 상류의 둑을 터뜨려 익사시켰다고 한다.

살수대첩 등으로 수나라 군사 30만 5,000명 중에 살아서 돌아간 자는 2,700명에 불과했다. 우문술이 패전하자 내호아도 배에 올라타고 퇴각했다.

천하의 주인임을 과시하던 수 양제가 이듬해 다시 침략했지만 이미 살수대첩으로 엄청난 손실을 겪은 후라서 요동성 앞에서 지루하게 싸우다가 대륙에서 양현감楊玄感이 반란을 일으켰다는 소식을 듣고 돌아갔다. 이미 고구려에 이성을 잃은 수 양제는 4차 출병까지 단행했지만 고구려의 비사성 하나만 겨우 탈취하고 돌아서야 했다.

이후 중국 민가에 지세랑知世郎 왕부王薄가 지은 반전가요「무향요동랑사가_{無向遼東浪死歌}」가 유행했다.

장백산 앞에 선 나, 비단옷 대신 촌부 옷을 입었네.

長白山頭知世郞 純著紅羅錦背襠

창들이 하늘을 덮고, 수레에 실은 무기가 햇빛에 빛나네.

橫槊侵天半 輪刀耀日光

산에 올라 사슴과 노루를 잡고, 내려와 소와 양을 잡았었네.

上山吃獐鹿 下山食牛羊

홀연히 관군이 도착하여, 칼을 들고 사람들을 전쟁터로 몰아가네.

忽聞官軍至 提劍向前蕩

깨달으라, 요동에서 짐승처럼, 부상당하고 머리가 잘린다는 것을.

譬如遼東豕 斬頭何所傷

살수대첩의
핵심 전략

1. 분산과 집중

적을 분산시켜 힘을 빼고 아군은 집중시켜 전력을 극대화한다. 청야 전술로 수나라 군사 30만 5,000명의 사기를 꺾고 또다시 강 앞에서 분산시켰다. 고구려군의 첩자인 승려의 뒤를 따라 강을 건너는 전군과 도강을 준비하는 중군과 후방의 후군을 분리시켰다. 후군을 치는 고구려군에 놀란 전군과 중군이 허겁지겁 강을 건너다가 상류에 막아둔 강둑이 터지며 수장되었고, 일부 강을 건넌 수나라군은 매복한 고구려군에게 몰살당했다. 이것이 『손자병법』에 나오는 아전이적분我專而敵分 전략이며 마케팅의 시장세분화market segmentation 전략이다.

2. 사소대취捨小大取의 대승적 전략

이미 패색이 짙은 수나라 군사를 충분히 이길 수 있음에도 불구하고 평야의 군수물자를 불태우면서까지 후퇴했다. 작은 손해를 감수하고 더 큰 후환을 방지하기 위해서였다.

양만춘의 안시성 전투,
88일 만의 승리

━━━━━

수나라 존속 38년 동안 고구려만 네 번이나 침입했다. 전쟁 준비와 패전 후 후유증 극복까지 합치면 수 왕조는 고구려 정복만 시도하다가 끝났다고 해도 과언이 아닐 정도다. 이처럼 무리한 원정이 남긴 유산은 중국 각지에서 빈발한 반란이었다.

611년부터 농민봉기가 시작되어 점차 전국으로 번지더니 617년에는 친위 쿠데타가 발생했다. 수 양제의 최측근인 우문술의 아들 우문화급宇文化及이 양제를 피살한 것이다. 이 소식을 듣고 태원을 지키던 수 양제의 이종사촌형 이연李淵이 도성 장안을 점령해 618년 당나라가 들어선다.

같은 해 9월에 고구려에서는 영양왕이 죽고 그의 이복동생 건무建武가 27대 영류왕으로 즉위하면서 선왕과는 달리 북수남진北守南進정책을 편다. 이때 을지문덕이 북진남수를 주장하다가 파면당했을 것으로 보인다. 대중국 강경파인 연개소문도 천리장성 축조 책임자가 되어 중앙 정치무대에서 밀려난다. 하지만 얼마 후 연개소문이 영류왕을 죽이고 집권자가 되었다.

연개소문의 집권은 북진남수정책으로의 회귀를 뜻했다. 이를 빌미로 당 태종이 고구려 원정에 나섰다. 당 태종은 수나라의 실패를 거울삼아 전투력이 뛰어난 정예부대로만 편성했다. 육군 6만 명과 해군 4만 3,000명, 전함 500척으로 편성하고 육군 총사령관에 이세적李世勣을, 해군 총사령관에 장량張良을 임명했다.

각 부대에 고구려의 성을 공략할 최신 무기 발차拔車도 구비했다. 과연 수나라 대군보다 응집력이 강한 당나라 병사들은 초반부터 고구려 여러 성을 차례로 함락했다.

그렇게 승기를 잡으며 드디어 고구려 요동 방어선의 간판격인 요동성에 도착했다. 수나라 100만 대군이 저지당했던 요동성을 바라보며 당 태종은 직접 흙가마니를 날라 성 아래 물을 채워놓은 참호를 병사들과 함께 메웠다. 당나라군이 발차를 동원해 거대한 돌을 쏘아 성의 한쪽 벽을 무너뜨리면 고구려 병사들이 다시 성을 쌓아올렸다.

치열한 공방전이 벌어지는데 12일째 마침 요동성 쪽으로 강풍이 불자 태종이 화공을 명령해 요동성을 태웠다. 그 여세를 몰아 백암성으로 향했는데 성주 손대음孫代音이 지레 겁을 먹고 비밀리에 심복을 보내 항복 의사를 전달했다. 당나라의 기세 앞에 다른 성들도 차례차례 무너져가는 가운데 당나라군이 안시성 앞으로 향했다. 이때 당 태종이 이세적에게 말했다.

"내가 듣기에 안시성은 험한데다가 성주도 재능과 용맹이 탁월하고 정예군을 거느리고 있다고 한다."

당군이 도착해보니 안시성은 과연 산악으로 둘러싸인 요새 중의 요새였다. 남녀노소 합해 인구 10만 명에 불과한 안시성을 당나라의 정예군이 공격하기 시작했다. 드디어 안시성의 88일 혈투가 시작되었다.

고구려 조정에서도 북부욕살 고연수高延壽와 남부욕살 고해진高惠眞에게 15만 명의 구원군을 주어 돕도록 했다. 백전노장 고정의高正義가 고연수에게 건의했다.

"당장 싸우는 대신 기다렸다가 군량로를 기습하는 것이 좋습니다. 군량만 막으면 우리가 이깁니다."

그러나 고연수는 무시하고 곧바로 안시성으로 달려가다가 당 태종의 기습 공격을 받아 사상자 3만 명, 항복 3만 6,000명, 광명개光明鎧 1만 벌, 말 5만 필, 소 5만 두 등을 잃었다. 고연수와 고해진도 당 태종에게 항복하고 벼슬을 받았다.

이제 안시성은 완벽하게 고립무원의 성이 되고 말았다. 그렇지만 성주 양만춘楊萬春과 군사들은 물론 주민들까지도 혼연일체가 되어 완강하게 저항했다.

고구려 구원군을 격파하고 물자까지 넉넉히 확보한 당군은 안시성을 물샐 틈 없이 포위한 후 매일 5~6회 공격했다. 발차로 성을 파괴하면 성안의 고구려인들이 목책을 세워 막기를 반복했다.

어느 날 오후 성안에서 돼지와 닭 울음소리가 들리자 당 태종이 이세적에게 지시했다.

"날마다 성안의 밥 짓는 연기가 약해지는데 갑자기 닭과 돼지 잡는 소리가 들리니 필시 오늘밤 특공대를 내려보낼 것이다."

과연 그날 야심한 밤에 당 태종의 말처럼 고구려 특공대가 성곽에 밧줄을 달고 기습했다. 하지만 기다리고 있던 당군에게 죽었다. 이렇듯 공격하는 자와 수비하는 자가 온갖 술수를 동원했다. 그래도 승부가 나지 않자 당 태종이 계책을 내었다.

"안시성보다 높은 토산을 쌓아라. 그 위에서 성안을 내려다보고 보이는 대로 다 죽이면 된다."

그날부터 연인원 50만 명이 동원되어 안시성 동남쪽에 밤낮없이 토산을 쌓기 시작했다. 그러자 고구려군도 성 위에 흙을 퍼부어 성을 더 높였다. 드디어 성보다 훨씬 높은 토성이 쌓아졌다.

태종이 토산 수비대장으로 도종을 임명했다. 도종은 부하 부복애傅伏愛에게 병사들을 데리고 토산 꼭대기에 올라가 고구려를 감시하라고 했다. 그런데 부복애가 자리를 비운 사이 토산의 한 쪽이 붕괴되며 성벽 일부가 무너졌다.

그때 고구려 병사들이 몰려나와 토산을 점령해버렸다. 잔뜩 화가 난 당 태종이 그 자리에서 부복애를 처형하고 토산 탈환을 위해 사흘 밤낮을 공격했으나 고구려군이 참호를 파서 서로 연결하고 그 속에 숨어서 불을 던지는 바람에 성공하지 못했다.

차츰 요동 벌판에 맹추위가 몰려오고 있었고 식량도 바닥이 나고 있었다. 계속 안시성만 공격하고 있다가 동사자와 아사자가 속출할 것이 자명했다.

마침내 당 태종이 떨리는 목소리로 퇴진을 명했다. 양만춘이 성 위에 올라가 돌아가는 당나라 군대를 보며 당 태종에게 작별의 인사를 올렸다. 이에 태종이 국왕에 대한 충성이 가상하다며 비단 100필을 주며 치하했다.

그날이 안시성 혈투 88일째 되는 날이었다. 연전연승을 구가하던 당 태종은 안시성 전투에서 패배한 후 평소 고구려와의 전쟁을 반대했던 위징을 그리워하며 통탄했다.

"위징이 살아 있었더라면, 이런 일이 없었을 것을 魏征若在, 不使我有是 行也."

당나라는 태종 이세민 시기에 대당성세大唐盛世를 구가하고 있었다. 이에 비해 고구려는 연이은 고수전쟁 이후 피폐해 있었다. 대당성세를 구가하던 당나라와 고구려의 안시성 전투는 한마디로 말해 글로벌 기업과 중소기업의 전쟁이었다.

양만춘은 이런 전쟁에서 이겼다. 그가 사용한 전략은 경영 자원이나 경쟁력이 훨씬 떨어지는 소기업이 대기업과의 경쟁에서 승리하려면 반드시 사용해야 한다.

안시성을 지킨
양만춘의 전략

1. 피실격허避實擊虛

소기업이 대기업과 경쟁할 때는 '적의 강점을 피하고 약점과 싸워야' 한다. 예를 들어 오늘날 마케팅 대전에서도 대기업은 풍부한 자원으로 시장을 입체적인 입면立面 전략으로 공략한다면, 중기업은 선線의 전략, 소기업은 점點의 전략으로 접근한다.

2. 점의 전략

안시성의 양만춘이 중국의 최고 영웅 이세민과 그의 대군을 만나 펼친 전략도 '점의 전략'이었다. 양만춘은 당나라가 할 수 없는 차별화된 현장 밀착형 전략을 사용했다. 높은 지대에 세워진 성에서 당나라군을 내려다보면서 당군이 성을 허물면 목책을 세워 막았다. 아무리 병력이 많아도 아래에서 위로 공격할 때는 몇 배의 전력이 소모된다. 당 태종이 토산을 어렵게 쌓아올리면 그보다 높은 토성을 쌓았다. 이것이 좁지만 창의적이고 깊은 질적 수준으로 적의 허를 파고든 방식이었다.

고구려의 산성을 보면, 고구려 중심부로 들어오는 산악지대에 설치된 산성은 그 자체로는 대단하지 않다. 고구려산성의 힘은 거미줄 같은 연결망에 있다. 연결 도구는 산성마다 진을 치고 있는 산악 지형에 능한 기마병들이었다. 이민족이 침입해오면 즉시 기마병들이 각 성에 정보를 전했고, 공격당하는 성의 고구려군이 농성전을 벌이는 동안 다른 성의 기마병들이 적의 후방을 공격해 보급로를 차단했다.

7

고구려 왕들에게서
배우는
전략적 인내

미천왕의 포용 정책

한때 소금장수였던 15대 미천왕의 이름은 을불乙弗이다. 13대 서천 왕(재위 270~292)의 손자이며 14대 봉상왕(재위 292~300)이 삼촌이다. 이처럼 최고의 왕족 신분인 을불이 어찌하여 미천한 소금장수를 해야 했을까?

그의 삼촌 봉상왕 때문이었다. 봉상왕은 어려서부터 의심이 많았고 권위의식도 강했다. 즉위하자마자 작은아버지 달가達賈를 죽였는데 그 이유는 다음과 같다.

서천왕 때인 280년 숙신족이 쳐들어와 변방을 노략질해 피해가 컸 다. 고구려가 오랫동안 숙신족을 정복하지 못한 채 놓아두는 바람에 침략을 당한 것이었다. 이 때문에 서천왕이 고민하자 신하들이 달가를 대장으로 추천했다.

달가는 군사를 이끌고 달려가 숙신의 단로성檀盧城을 빼앗고 추장도 죽였다. 그의 용기와 지략으로 숙신 부락 7곳을 종속 부락으로 삼았 다. 이런 용기와 지략을 백성들이 높이며 영웅으로 추앙했다.

이것을 봉상왕이 시기해 모종의 음모를 꾸며 달가를 없앴다. 백성 들은 달가가 죽자 의지할 인물을 잃었다며 슬퍼했고, 그만큼 봉상왕을 더 믿지 않게 되었다.

백성의 신망을 잃은 봉상왕은 더욱 예민해졌다. 다음 해에 동생 돌고咄固가 두 마음을 품고 있다며 독약을 내려 자결하게 했다. 그러나 무고한 돌고가 죽었다며 백성들의 왕에 대한 원성이 더 커졌다.

돌고의 아들이 을불이다. 을불이 시골로 야반도주하자 봉상왕은 후환을 없애야 한다며 집요하게 추적하기 시작했다. 그 후 을불은 신분을 감춘 채 7년 동안 비참한 생활을 한다.

봉상왕의 의심은 주로 왕위 계승 가능성이 있는 친족들을 향했다. 그들을 대부분 제거하고 을불마저 증발하자 왕의 위세를 높이는 일을 모색한다. 그래서 흉년이 계속되는데도 왕의 권위를 높이려면 궁궐을 크게 증축해야 한다고 했다. 그때까지 참아왔던 국상國相 창조리倉助利가 반대하고 나섰다.

"흉작으로 백성들이 고향을 떠나 사방으로 흩어지고 노인과 어린애들은 구덩이에서 뒹굴고 있습니다. 백성의 어버이 같은 대왕께서 굶주린 백성들을 토목공사에 시달리게 해서는 안 됩니다."

그러나 봉상왕은 크게 역정을 냈다.

"임금이란 자리는 백성이 우러러 보아야 하오. 궁궐이 웅장해야 위엄이 나타나는 법이오. 그런데도 국상이 과인을 비방해 백성의 칭송만 받으려 하는구려."

이미 죽음을 각오한 창조리는 물러서지 않았다.

"백성을 사랑하는 임금이 인군仁君이며 임금에게 간언하는 자가 충신입니다. 신이 국상의 자리에 있으니 감히 아뢰는 것일 뿐, 어찌 백성의 칭찬을 구하겠습니까?"

"허허, 참으로 국상이 백성을 위해 죽으려는가? 그런 말을 다시는 입 밖에 내지 마시오."

왕궁을 물러나오며 창조리는 나라를 위해 봉상왕을 제거해야 한다는 결심을 굳힌다. 문제는 '누가 봉상왕을 대신하느냐'였다. 그때부터 조불祖弗과 소우蕭友를 시켜 어디론가 숨어버린 을불을 은밀히 찾기 시작한다.

다행히 을불을 찾아내 아무도 모르는 곳에 숨겨두었다. 그리고 믿을 만한 사람들을 모아두고 거사할 때만 기다렸다. 마침 300년 9월 봉상왕이 신하들과 함께 후산候山으로 사냥을 떠났다. 창조리도 동행했는데 왕이 사냥에 몰두해 있는 틈을 타서 신하들에게 선언했다.

"나와 뜻을 같이하는 자는 갈대 잎을 관에 꽂으라."

그리고 이미 동원한 군사들로 봉상왕을 사로잡아 별궁에 가두게 하였다. 그리고 을불을 찾아가 옥새를 바쳤다. 그가 곧 4세기의 탁월한 승부사 미천왕으로, 낙랑군과 대방군을 병합하는 등 고조선의 옛 땅을 수복한다.

이곳은 400년 이상 한사군 아래서 한족이 많이 들어와 있었다. 그런데도 미천왕의 정복에 대해 크게 반발하지 않는다. 과거 고조선이 멸망할 때 한사군이 이곳에 설치된 후 주민들의 거센 반발이 일었던 것과 무척 대조적이다. 미천왕이 한사군에서 토착화된 중국인들에게 전략적으로 인내했기 때문이다.

미천왕은 400년 이상 한군현에 뿌리 내려 토착화된 중국인들을 차별하지 않았다. 당시 한사군의 중국인들은 대체로 무역과 외교, 수공업에 종사했는데 미천왕은 이들에게도 고구려인들과 똑같이 기왕에

하던 일을 계속하도록 허락했다. 즉 정복지의 토착 중국인들도 예전과 다름없이 살 수 있는 조직 풍토를 조성해준 것이다. 이것은 조직의 성장을 위해 기업이 인수합병M&A하는 경우에도 똑같이 적용된다. 인수합병을 시도해 성공할 경우 시너지 효과가 크다. 그러나 실패할 경우 막대한 타격을 입는다. 두 조직이 법적으로만 합쳐졌을 뿐 구성원의 이질감 때문에 조직이 표류하기 때문이다.

한사군의 토착 중국인들은 본국이 내란에 휘말리자 큰 혼란에 빠진다. 미천왕은 이들에게 일종의 비전을 보여주는 액션을 취했다. 화북평원의 후조後趙와 군사동맹을 맺는 한편 요동의 모용부慕容部 세력을 집요하게 공격한 것이다. 물론 고구려가 요동을 공략하려는 전쟁이었지만 한사군의 중국인들에게도 위안이 되는 전략이었다. 이처럼 미천왕은 중국의 분열된 역학관계를 절묘하게 활용해 한사군에 거주하는 중국인들이 고구려 통치에 순응하도록 했다.

소수림왕,
좌절 대신 내실을 다지다

평양성에서 백제와 싸우다 죽은 16대 고국원왕(재위 331~371)이 미천왕의 아들 사유斯由다. 그는 대륙 진출의 관문인 요동 지역을 놓고 재위 기간인 40년 내내 전연의 모용씨와 다투었다. 그러다가 북진정책을 펴던 백제의 근초고왕의 역습을 받고 싸우던 중 백제 병사의 화살에 맞아 전사했다. 이로써 서방과 남방으로 팽창해가려던 고구려의 정책이 남과 서에서 동시에 저지되었다. 전사한 고국원왕의 뒤를 태자 구부丘夫가 이어서 17대 소수림왕(재위 371~384)이 된다.

소수림왕에게는 선왕을 평생 괴롭힌 전연과 선왕을 죽인 백제에 복수한다는 숙제가 주어져 있었다. 하지만 불행 중 다행이랄까. 전연은 370년에 전진에게 망했고 백제만 남아 있었다. 하지만 왕위를 계승한 후 4년 동안 소수림왕은 백제를 한 번도 공격하지 않았다.

나라 사이의 전쟁에서 생과 사는 왕에게도 다반사라는 것을 이해하고 개인적인 원한에 휘둘리지 않으려 한 것이다. 그 대신 고구려 체제가 지닌 근본적인 약점을 고치고자 했다. 그래서 문치주의를 표방하고 국방 위주의 외교노선에서 문화외교로 전환했다.

5부족 연맹체로 출발한 고구려는 400년이 흘렀어도 그 문화가 흐르고 있었다. 부족마다 남아 있는 각기 다른 제도와 관습법 등이 중요한 시기마다 국력 결집을 방해하곤 했다. 이들 관습법을 왕을 중심으로 해서 단일한 공법 체계로 묶는 것이 시급했던 것이다. 이를 위해 귀족들을 설득해 373년 율령을 반포했다. 이로써 고구려도 고대국가의 통치 기본법을 마련한 것이다.

다음으로 불교를 도입해 고구려 민족의 보편적 정신세계를 구현하고자 했다. 372년 6월에 전진의 왕 부견이 파견한 승려 순도와 374년에 온 아도를 위해 375년에 2개의 사찰을 건립했다.

영토 내 여러 부족들의 신앙은 애니미즘, 토테미즘, 부족신 숭배 등 매우 다양했다. 하늘과 땅을 이어준다는 샤머니즘도 유행했다. 조정에서는 시조신으로 주몽 숭배를 권했지만 오래되고 다양한 민간신앙이 여전히 건재했다.

이런 신앙은 국가보다는 부족과 자기 지역에 대한 충성심을 유발했다. 이런 부족을 통합하고 왕권을 강화하기 위한 구심점으로 왕즉불王卽佛을 가르치는 불교가 적절했다.

그렇다고 고구려인이 한꺼번에 불교로 개종하지는 않았지만 기존의 신선신앙, 무속신앙 등의 관점에서 불교를 점차 받아들였을 것이다. 그래서 승려가 기존의 샤먼 역할도 수용하게 되었다.

또한 불교의 도입은 소수림왕의 획기적 대외전략의 일환이기도 했다. 당시 중국의 하북 지방인 황하 일대에는 전진前秦이 있었고 강남 지방인 양자강 일대에는 동진東晉이 있었다.

한강을 차지한 백제도 해상강국으로 전성기를 구가하며 요서 지방과 산동반도를 경략하고 있었다. 이런 백제와 동진이 친밀한 관계를 맺고 있는 상황에서 고구려도 그동안 적이었던 전진과 교류할 필요가 있었다. 그래서 불심이 깊은 전진의 왕 부견의 불교를 수용한 것이다. 또한 국립교육기관인 태학을 설립했다. 여기서 충과 효를 강조하는 유학을 가르치며 관료 집단을 체계적으로 양성했다.

이와 같이 소수림왕 재위 14년 동안은 절대위기 상황인 고구려가 도약을 위한 기반을 갖추는 기간이었다. 이 토대 위에서 소수림왕의 조카 광개토대왕의 웅대한 정복 전쟁이 전개될 수 있었다.

소수림왕은 고구려 역사에서 광개토대왕의 치세를 가능하게 한 디딤돌 역할을 한 왕이었다. 고구려를 내부적으로 정비해 전성기의 기반을 닦았다. 모든 조직이 이런 과정을 거친다. 주먹구구식이고 임기응변식의 조직이 응집력을 발휘하는 계기를 더블 트리거 이벤트double trigger event라 하는데 소수림왕이 그 계기를 마련했다.

기업이나 국가 등 어떤 조직의 목적 달성을 위해서는 2가지 장치가 자연 발생하거나 아니면 의도적으로 갖추어나가야 한다. 첫째가 구성원의 저해 행위를 방지하기 위한 법적 장치이며, 둘째가 의식을 규율하는 문화와 종교다. 과학의 시대에 이르러 종교는 문화에 흡수되고 있지만, 원시 사회에서 크게 발전하지 못한 고대 사회에서는 사회적 통합력이 높아지는 시점, 즉 더블 트리거 이벤트는 율령이 반포되고 보편적 문화 현상이 장착되면서부터 나타난다.

삼국 중 백제가 제일 먼저 율령을 반포했고 10년 뒤 근초고왕 때부터 전성기를 누렸다. 그다음으로 고구려와 신라가 뒤를 이어 전성기를 누렸다.

고국양왕의 심모원려

위기의 고구려를 구한 소수림왕이 아들 없이 세상을 떠나자 그의 동생 이련伊連이 즉위해 18대 고국양왕故國壤王(재위 384~391)이 되었다. 고국양왕이 즉위하던 11월에 전진과 동진의 대충돌이 일어난다. 이것이 비수대전肥水大戰으로, 전진이 대패해 통제력을 상실하자 중국 북부는 혼란에 빠지며 여러 나라로 갈라진다.

요동 지역에서는 전진에 망했던 모용 선비족의 연燕나라가 재건된다. 모용황慕容皝의 아들 모용수가 후연後燕을 건국한 것이다. 이들이 누구던가. 고국원왕 시대에 수도인 환도성까지 함락한 후, 미천왕의 능까지 파헤쳐 미천왕의 시체와 왕모, 그리고 많은 보물을 약탈해 갔던 이들이다. 이들이 정착하기 전에 반드시 공격해야 했다.

후연의 모용수는 고구려의 움직임을 눈치채고 요동에 용성을 쌓기 시작했다. 즉위 1년 만인 385년 고국양왕의 고구려 병사 4만이 후연을 습격했다. 모용수가 황급히 구원병을 보냈으나 고구려군이 가볍게 격파해 요동군과 현도군을 점령하고 1만 명의 포로까지 잡아왔다. 이 때부터 요동 지방을 놓고 후연과 고구려 사이에 뺏고 빼앗기는 공방 전이 벌어진다.

즉위 3년째 담덕(광개토대왕)을 태자로 삼았는데, 그해 겨울 복숭아꽃과 자두꽃이 만발하고 소가 말을 낳는 기이한 일이 일어났다. 여하튼 고국원왕은 후연에 대해서 한 치도 양보하지 않고 강경하게 대응했다.

또한 당시 백제의 공격 때문에 전전긍긍하던 신라가 보호를 원하자 실성實聖을 인질로 잡아둔다. 이것이 광개토대왕과 장수왕 때 신라 복속 외교를 전개하는 기반이 되었다.

고구려가 후연과 각축을 벌이고 있을 때 백제가 고구려의 후미를 공격할 준비를 하고 있었다. 이에 고국양왕이 2가지로 대응한다. 백제에는 선제공격을 하는 척하면서 직접 타격하지는 않고 무력시위만 했다. 일종의 남진南進 압박이었다. 당시 왕위 계승 문제로 백제 조정도 내홍을 겪고 있어서 고구려에 강력 대응하기 어려웠다. 이 때문에 백제 진사왕은 서북부에 고구려 방어용으로 대규모 방어책을 구축하는 것으로 대응한다.

다음으로, 고구려는 말갈을 압박해 백제를 간간이 공격하게 했다. 백제의 서북쪽 국경은 고구려군의 무력시위가 있거나 아니면 말갈이 간간이 쳐들어와 항상 시끄러웠다.

말갈은 백제 고이왕 때 화친을 맺고 조공을 바치는 등 130여 년을 대체로 평화로운 관계를 유지해왔는데 고국원왕에 이르러 백제를 자주 공격해왔다.

그 이유를 찾던 백제 진사왕이 뒤늦게 고국양왕의 속셈을 알아채고 389년 9월 고구려 후미를 공격하고 이듬해 또다시 고구려의 도곤성都坤城을 공략했다. 이에 따라 고구려의 후연에 대한 공격에 차질이 빚어졌고 고국양왕마저 지병으로 쓰러졌다.

선대 소수림왕이 마련한 제도 정비로 고구려의 국력이 크게 신장되었다. 그런데도 고국양왕은 드러내기보다 내실을 다졌다. 전쟁 수행 능력 향상에 필요한 전쟁은 했지만 태자 담덕의 때를 준비하며 기다렸다. 자신의 능력을 노출하지 않고 내실을 다지는 것을 도광양회韜光養晦라 한다. 유비도 조조의 식객 노릇을 하면서 살아남기 위해 일부러 어리석은 짓을 했다. 후원에 채소나 가꾸면서 은밀히 때를 준비했는데 그때 나온 사자성어다. 도광양회 전략은 현대 중국의 덩샤오핑도 사용했다. 서방의 견제를 받지 않고 기술과 자본을 준비해 오늘의 중국을 만든 것이다. 따라서 고국양왕은 덩샤오핑과 비교할 수 있다.

중국 기업들도 이 전략을 즐겨 사용한다. 알리바바 CEO 마윈 같은 이는 세계의 거부답지 않게 수수한 차림으로 세계를 누빈다. 알리바바, 바이두와 더불어 중국 모바일 시장을 삼분하고 있는 텐센트Tencent의 창업자 마화텅馬化騰의 경영철학이 바로 도광양회다. 그는 무척 조용히 사업을 한다. 기업 인수도 조용히 하고 벤처 투자도 조용히 하며 우량기업을 발굴해간다. 역량이 미치지 못할 때는 어떤 푸대접도 감수하고 조용히 엎드리며 실력을 갖춘다. 이들에게 주위의 시선이나 찬사, 무시 등은 조금도 중요하지 않다. 오로지 성과만이 중요하다.

다음은 중국의 글로벌 기업가들이 즐겨 읽는다는 장자의 글이다.

시대와 운명을 못 만나 천하에서 큰 곤경에 처했다면 不當時命而大窮乎天下
뿌리를 깊이 내리고 지극한 평안으로 시대를 기다린다 則深根寧極而待.

8

권력의
정당성을
묻는다

두로,
"모본왕, 너의 권한 행사가 정당한가"

고구려에서 폭정으로 백성에게 쫓겨난 왕은 5대 모본왕(재위 48~53), 7대 차대왕(재위 146~165), 14대 봉상왕(재위 292~300) 등이다. 이 중 모본왕은 인성이 잔인해 '고구려의 네로', 또는 '고구려의 연산군'이라 불린다. 과연 그것이 전부일까? 역사가 승자의 기록임을 인정한다면 모본왕의 폭군 이미지도 승자의 작품일 수도 있다. 『삼국사기』조차 모본왕이 3~4월에 태풍과 서리, 우박 때문에 굶주리는 백성들을 구제했다고 기록하고 있다.

그의 전투 능력 또한 부왕인 대무신왕을 닮아 출중했다. 『후한서』 등에 보면 모본왕이 49년 한나라와 원한이 깊은 오환족鳥丸族 기병을 거느리고 장성 이남의 북평, 어양, 상곡, 태원 등을 습격했다. 이 지역은 오늘날 북경이 있는 하북성 일대다.

여기까지만 놓고 보면 모본왕은 백성의 굶주림을 보살피고 요동군을 지나 만리장성 아래까지 깊숙이 진격한 전쟁의 고수였다. 그런데 즉위 4년부터 포악한 행동이 두드러지기 시작했다. 시중드는 사람을 깔고 앉고, 잠잘 때 베개로 삼았다. 그때 조금만 움직이면 바로 죽였고, 이를 말리는 신하는 활로 쏘아 죽였다. 그렇게 죽어 나가는 사람이 부지기수였다.

왕의 시중을 드는 신하 중에 두로가 있었다. 황소 같은 힘을 가진 거구의 사나이로 검법이 뛰어나 일시에 수백 명을 상대할 수 있었다. 그러한 그도 언제 왕에게 죽을지 몰라 매일매일 전전긍긍했다.

어느 날 두로가 너무 두려운 나머지 자신도 모르게 울고 있는데 누군가 다가와 위로했다.

"대장부가 왜 울고만 있는가? 옛말에도 나를 보살피면 임금이요, 나를 학대하면 원수라고 했다. 지금 왕은 너뿐 아니라 백성들을 잔인하게 대하고 있으니 백성의 원수일 뿐이다. 네가 그를 죽여라. 모두가 옳은 일을 했다고 너를 칭찬할 것이다."

두로를 부추긴 사람은 누구일까? 당시 국상, 또는 두로의 어머니라는 등 여러 설이 분분하다. 여하튼 그때부터 두로는 품속 깊숙이 단도를 감추고 왕을 시해할 기회만 노렸다.

53년 11월 어느 날 왕이 두로를 불러 평소처럼 깔고 앉으려 했다. 일단 왕 앞에 엎드렸던 두로는 왕이 앉으려 하자 용수철처럼 튀어올라 뒤뚱거리는 왕의 심장 깊숙이 칼을 박았다.

모본왕이 살해된 후, 모본왕의 아들 태자 익翊이 있었는데도 유리왕의 손자인 궁宮이 6대 태조대왕으로 등장한다. 이로 보건대, 모본왕이 권력다툼의 희생이라는 것도 충분히 일리가 있다. 그 사정을 들여다보자.

계루부 출신인 시조 주몽을 제외하고 2대 유리왕부터 모본왕까지 소노부 출신이었다. 그런데 태조대왕 때부터 고씨 계루부가 왕위를 잇는다.

소노부 출신의 모본왕을 제거할 때 태조대왕의 어머니 부여태후가 깊이 관여했다고 본다. 태조대왕이 등극할 때 나이가 7세라 군신들이 아버지 고추가 재사再思(유리왕의 아들)를 왕으로 추대했으나 스스로 나이가 많다고 사양했다. 그래서 어린 태조대왕이 즉위하고 그 대신 부여태후가 섭정을 하게 된다.

이로 보건대 부여태후가 모본왕을 시해한 핵심 인물이었을 것이다. 모본왕이 설령 정쟁의 제물로 사라졌다 해도 한 가지 책임은 남는다. 즉 최측근에 대한 관리 소홀이다. 두로같이 수족처럼 자신을 보좌하는 인물들을 하대하지 말고 배려해 존경을 받았어야 한다.

그랬더라면 두로 같은 측근이 정쟁의 도구로 이용당하지 않고 왕을 적극 보호했을 것이다. 여하튼 두로의 입장에서 반정은 자신을 부당하게 대우한 권력에 대한 항거다.

리더는 그 자체가 목적도 아니고 성역도 아니다. 조직의 리더는 적합한 리더십을 구사하는 자의 직책일 뿐이다. 해야 할 업무 수행에 낙후되거나 무능한 리더는 교체되어야 한다.

바람직한 리더십은 비전, 신뢰, 공감적 지지의 3가지가 하나로 어우러져 나타난다. 모본왕의 경우 정적을 고려한다 해도 위의 세 요소 중 공감적 지지는 부족했다. 특히 측근 관리에 실패했다.

일반적으로 측근들은 리더가 생각하는 이상으로 리더를 소상히 파악하고 있다. 아첨만 하는 사람을 멀리하고 조직의 과제에 대해 종합적으로 통찰할 수 있는 인사들을 골고루 두되, 리더의 일탈에 대해 직언할 수 있는 사람을 두어야 한다. 모본왕의 경우, 두로처럼 우직하고 무조건 순종만 하는 측근을 두었다. 그들은 부당한 명령에도 직언하지 못하고 억지로 따르면서 불만이 쌓인다. 당연히 리더의 정적들이 이들을 포섭해 리더를 교체하고자 한다.

유능하고 올바른 철학을 가진 측근과 무능하고 기회주의적인 측근을 둔 리더의 결과는 이미 정해져 있다. 이성계에게 정도전, 유비에게 제갈공명, 수양대군에게 한명회가 있었다. 기업가도 대동소이하다. 마크 저커버그에게 셰릴 샌드버그, 마윈에게 청밍_{曾鳴}, 빌 게이츠에게 스티브 발머가 있다.

바보 온달을 도운 평강공주

얼마나 많은 사람이 자신의 잠재력을 계발하지 못하고 사라졌을까? 고대국가 같은 신분사회에서는 신분의 벽 때문에, 성차별이 심한 사회에서는 억압받는 성을 지녔기 때문에 등등. 앞에서도 언급했지만 고구려는 비교적 신분의 교류가 자유로웠다.

고구려는 온달 같은 평민도 귀족이 될 수 있었다. 물론 대단히 드문 일이기는 했지만. 어떤 직위와 업무든 참여할 자격을 한정지으면 지을수록 개인의 잠재력을 제한하기 쉽다. 그런 사회적 권력은 그 사회 구성원 다수에게 불의한 권력이 된다.

누구에게든 참여의 기회를 주어야 하고, 일단 참여해서 보여주는 역량으로 평가받아야 한다. 사회적 제도로 어떤 직위와 업무의 진입 한계를 정할 때 그 분야에 재능이 많은 개인도 자기검열로 미리 포기하는 경우가 많다.

온달 같은 경우가 그러했다. 자기를 바보로 알고 살았다. 평민 신분인 데다가 워낙 빈궁했으며 눈먼 모친을 봉양해야 했다. 당연히 옷도 남루했고 해진 신발에 용모까지 보잘 것 없어 구걸로 연명했다. 이런 그를 보고 사람들이 '바보 온달'이라고 비웃었다. 그에 대한 소문이 도성까지 자자해 귀족들은 게으른 자녀들을 훈계할 때 "너 그렇게 살다가 온달처럼 된다"라는 말로 경각심을 주었다. 왕실에서도 마찬가지였다.

당시 왕인 25대 평원왕(재위 559~590)에게 평강공주라는 딸이 있었다. 일찍이 어머니를 잃은 탓인지 눈물이 많았다. 툭하면 우는 딸을 볼 때마다 평원왕은 안쓰럽기만 해서 달래주었다. 그래도 울음을 그치지 않을 때면 "야! 이 울보야, 너 자꾸 그러면 바보 온달에게 시집보낸다"라고 놀렸다. 그제야 어린 공주는 울음을 그치곤 했다.

어느덧 세월이 흘러 평강공주가 결혼할 나이가 되었다. 왕이 명문가인 상부上部 고씨高氏와 혼인을 시키려 했다. 그러나 공주가 반대했다.

"아바마마, 대왕의 말씀은 한마디 한마디가 천금과 같사옵니다. 어릴 적에 소녀에게 바보 온달에게 시집보낸다는 말을 수도 없이 하셨습니다. 이제와 어찌 그 말씀을 바꾸려 하십니까?"

평원왕은 깜짝 놀랐다. 딸아이의 울음을 그치게 하려고 입버릇처럼 한 말이었는데 그 말이 딸의 가슴에 깊이 박혔던 것이다. 그래서 지난 세월에 수없이 반복했던 희롱의 말을 사과하며 딸을 달랬다. 아무리 달래고 겁까지 주어도 요지부동이었다. 평원왕은 화가 나서 공주를 궁에서 쫓아냈다.

그길로 평강공주는 온달의 집을 수소문해서 찾아갔다. 처음에 온달은 결혼을 완강히 거절했지만 곧 공주의 진심을 알고 눈먼 어머니만 모시고 혼례를 치렀다.

여기서 잠시 고구려의 결혼제도를 알아보자. 고구려의 혼례는 쌍방이 좋아해야 치러졌다. 그런 분위기였으므로 평원왕도 공주가 마음에

덕흥리 고분에 묘사된 승마와 사격

들어 하지 않는 상부 고씨와의 혼인을 강요할 수 없었던 것이다.

온달과 며칠을 지내본 평강공주는 온달이 결코 바보가 아닌 것을 알았다. 그래서 지니고 있던 패물을 팔아 온달에게 학문과 무예를 익히도록 후원했다. 온달 스스로도 자신을 보는 눈이 달라졌다. 지금까지 자신을 바보로만 알고 살았는데 역량을 기르는 과정을 거치며 누구보다 앞설 수 있다는 것을 스스로 발견했다. 그제야 자기긍정을 하게 된 것이다.

평강공주와 온달 장군이 보여준 희대의 사랑은 중국 춘추전국시대 제나라 환공桓公의 일화를 떠올리게 한다. 환공이 대청마루에서 책을 읽고 있는데, 목수 윤편輪扁이 마당에서 수레바퀴를 깎고 있었다.

"감히 여쭈옵는데, 대왕께서는 무엇을 읽고 계십니까?"

"옛 성인의 말씀이다."

"옛사람의 찌꺼기를 읽고 계시군요."

"뭐라, 감히 과인에게 그런 무례한 말을 하다니. 그 이유를 대지 못하면 무사하지 못하리라."

"수레바퀴를 깎을 때 많이 깎으면 헐겁고 덜 깎으면 빡빡해서 바퀴축이 들어가지 않습니다. 알맞은 크기를 만들려면 손의 감각으로 터득해야 합니다. 이는 가르칠 수도, 배울 수도 없습니다. 성인들도 깨달음의 진수를 책으로 다 전수하지 못합니다."

장자는 환공의 예를 들며 경험에서 비롯된 암묵지暗默知의 중요성을 강조했다. 바보 온달은 평강공주를 만나기 전에 이미 암묵지를 온몸으로 체득했다. 그에게 필요한 것은 고구려 사회가 요구하는 형식지 explicit knowledge였다. 이를 평강공주가 도와주어 이제 온달의 실력이 어느 정도 수준에 오를 때였다.

평강공주는 온달에게 매년 3월 3일마다 나라에서 산천신山川神에게 제사하는 대제전 행사의 사냥대회에 참여하라고 권했다. 그 대회에서 온달이 평강공주가 기른 말을 타고 탁월한 성과를 내었다. 왕과 귀족들은 감탄하며 처음 보는 그 청년이 누군지 궁금해 하다가 온달인 것을 알고는 크게 놀랐다. 하지만 왕은 그때까지도 사위로 받아들이지 않았다.

이후 578년 북주北周 무제가 대군을 이끌고 요동에 쳐들어오자 선봉에 서서 격퇴했다. 그제야 평원왕이 정식 사위로 인정하고 대형大兄 벼슬을 주었다.

세월이 흘러 평원왕의 맏아들 대원大元이 영양왕으로 즉위했다. 바로 평강공주의 오빠이며 온달 장군의 매부다. 영양왕이 즉위한 후 온달 장군이 신라에게 빼앗긴 한강 유역을 탈환하자고 건의했다.

"신라가 한강 이북의 땅을 앗아갔으나 그 땅 백성들은 부모의 나라를 잊지 못하고 한탄하고 있습니다. 대왕께서 어리석은 저를 인정하신다면 반드시 땅을 수복하겠습니다."

왕이 허락하자 이렇게 맹세했다.

"계립현鷄立峴과 죽령竹嶺 서쪽의 땅을 되찾은 후에야 돌아오겠다."

그리하여 출전했는데 아단성阿旦城 아래서 치열한 전투 끝에 장렬히 전사했다. 군사들이 장사를 지내려고 그의 시신을 담은 관을 들려 했으나 도무지 움직이지 않았다. 평강공주가 내려와 시체를 안고 통곡하며 "여보, 생과 사는 이미 정해진 것. 그러니 이제 편히 돌아가시오"라고 하자 그제야 관을 들 수 있었다.

이 세상에 오고가는 사람들이 각자 자기의 잠재력을 충분히 발휘했더라면 지구촌이 얼마나 더 발전을 이루었을까? 너무나 많은 숨겨진 인재가 능력을 발휘하기는커녕 조금도 사용하지 못했다. 이들은 각 시대마다 신분제도나 문벌 또는 학벌 장벽, 남녀차별과 장유유서, 전문가 중심의 진입 장벽 등에 막혀 인생을 마무리하고 말았다. 안타까운 일이다.

기업체 리더나
인사 담당자에게 필요한
'평강공주의 눈'

1. 내면의 재능을 보는 눈

스트리트 스마트를 존중하는 사회적 권력이 정당하다. 기존의 인재 양성 코스로 탄생하는 북 스마트의 숫자는 언제나 전 구성원에 비해 적기 때문이다.

2. 당장 드러나는 역량과 잠재된 재능을 구별하는 눈

온달 장군도 평강공주가 아니었다면 신분 장벽에 막혀 평생 구걸하는 인생으로 마무리했을 것이다. 사회에서 "구걸하는 바보"라 지탄받던 그가 고구려 용장이 되리라고 누가 기대했을까? 평강공주의 기대와 돌봄으로 한 시대의 가장 뛰어난 장군이 되었다.

평강공주와 온달 장군 같은 관계가 미국 월가에도 존재했다. 워렌 버핏Warren Buffett과 함께 월가의 살아 있는 전설인 피터 린치Peter Lynch와 던킨 도넛이다. 피터 린치는 학비를 벌기 위해 골프장에서 아르바이트하면서 주식 이야기를 새겨들었다. 그 후 월가에 입성했는데 어느 날 출근길에 모퉁이에 새로 연 도넛 가게를 보았다. 그 앞에 날마다 줄을 서는 직장인들이 늘어나는 것을 보고 직접 찾아가 맛을 본 후

기업 분석을 통해 유망하다고 판단하고 투자하기 시작해 엄청난 수익을 얻었다.

그가 13년간 달성한 누적수익률이 무려 2,700퍼센트였다. 이 수익의 대부분은 그가 발로 뛰어 달성한 것이다. 투자 분석가들이 책상에 앉아 주가 변동에만 몰두해봤자 고수익은 나지 않는다. 기업이 실제 어떻게 운영되는지 그 현장을 알아야 한다.

3. 잠재된 재능이 클 경우 충분히 투자하고 유무형으로 학습의 기회를 제공하는 눈

라틴어 에두카레educare에서 유래한 교육education의 본래 뜻은 '끄집어낸다'다. 피카소의 유명한 일화를 소개한다. 어느 날 피카소에게 80세가 넘은 노인이 그림 한 점을 보여주었다. 피카소가 물었다. "누가 그린 그림입니까?" 꼬마가 그렸다는 노인의 말에 피카소는 "그 꼬마를 내게 데려오시오. 세계적인 화가로 기르겠습니다"라고 말했다. 노인이 대답했다. "죄송합니다. 그 꼬마는 바로 저였습니다."

유리왕과 해명태자의 비극

────────

고구려 역사를 기원 전후로 거슬러 올라가면 2대 유리왕을 만난다. 주몽과 첫째 부인 예씨 사이에서 태어났고, 고향으로 돌아간 계비 치희雉姬가 그리워 「황조가」를 남긴 서정적인 왕이었다. 그런 왕이 자신의 아들인 태자 해명이 죽도록 방조했다. 권력이란 그토록 비장한 것인가. 우리 역사 기록에 최초로 자결한 사람이 태자 해명이다.

어떤 조직이든 결성되는 순간부터 권력이 발생한다. 조직의 크기와 정점의 권력 크기는 비례한다. 자본주의에서는 돈의 크기도 조직의 크기와 똑같이 권력을 증대시킨다.

권력의 크기만큼이나 권력의 인간적 속성이 사라지고 그만큼 더 비정해진다. 인간적인 정을 나누고 유지하기 힘들다는 것이다. 그렇지 않고는 조직이 유지되지 않는다. 유리왕도 예외가 아니었다.

주몽이 동부여 금와왕과 그의 아들들의 박해를 피해 비류수 유역으로 도망칠 때 부인 예씨는 임신 중이었다. 주몽이 부인에게 신표를 주며 아들이 태어나거든 보내라고 부탁했다.

그 후 주몽은 고구려 건국 과정에서 계루부의 소서노와 결혼해 두 아들을 두게 된다. 졸본에 도읍지를 정하고도 혹시 동부여의 예씨 부인이 낳은 아들이 찾아올까봐 태자 책봉을 미루고 있었다.

그런데 동부여에서 유리가 찾아와 신표를 내밀었다. 결국 세상을 떠나기 몇 개월 전 유리를 태자로 책봉한다. 그렇게 왕이 된 유리는 졸본 지역의 강자인 송양의 딸을 왕비로 맞이했다.

그렇지만 졸본 지역은 동부여 출신 유리왕에게 여전히 낯선 곳이었다. 그래서 서기 3년에 국내성으로 천도하고 위나암성을 쌓았다. 졸본성에는 해명태자를 남겨두어 다스리게 했다. 몇 년 뒤 졸본성으로 이웃 나라 황룡국 왕의 사신이 찾아왔다.

"저희 임금이 태자께서 명궁이란 소문을 듣고 이 활을 선물로 준비하셨습니다."

사신이 자못 시비 거는 태도로 해명태자의 위아래를 훑어보며 활을 건넸다. 고구려가 신생국이라며 은근히 비웃으면서 반응을 떠보는 것이었다.

기분이 상한 해명태자가 활을 받아보니 보통 강궁이 아니었다. 하지만 해명태자는 가볍게 활을 휘어 부러뜨리고 그대로 사신에게 주었다.

"부러진 활을 가지고 그대로 돌아가라."

사신에게 부러진 화살을 받은 황룡국 왕은 크게 노해 그 길로 국내성의 유리왕을 찾아갔다.

"고구려와 평화롭게 지내고 싶어 귀한 활을 선물로 보냈는데 귀국의 태자가 이렇게 부러뜨렸소. 이렇게 우리를 무시해도 되는 거요."

자칫 전쟁이라도 벌일 기세였다. 천도 후에 도성 정비도 안 된 상태에서 전쟁까지 벌일 수 없던 유리왕이 극구 사과하며 의외의 말까지 했다.

"제 자식이 죽을 죄를 지었으니 그의 목을 베어도 좋습니다."

황룡국 왕이 귀국한 후 해명태자를 초대했다. 부하들이 아무래도 위험하다며 가지 마라고 말렸으나 해명태자는 일축했다.

"일국의 태자가 죽음이 무서워 외국의 초대를 거절한다는 말이냐."

해명태자를 만난 황룡국 왕은 그 늠름한 기상을 보더니 죽일 생각을 잊어버린 채 후대하고 돌려보냈다. 이 소식을 전해들은 유리왕은 기뻐하기는커녕 애석해하며 그 시각부터 혹시 해명태자가 졸본의 세력을 이용해 자기를 제거할지도 모른다는 의심을 하기 시작한다.

유리왕은 마침내 칼을 동봉한 편지를 해명태자에게 보낸다.

"내가 도읍지까지 옮기면서 나라의 기틀을 세우고 백성을 편안하게 하고자 하는데 너는 네 힘만 믿고 이웃 나라와 싸우려 드니 이런 불충과 불효가 어디 있느냐."

유리왕의 뜻을 알게 된 해명태자가 탄식했다.

"지난 번 황룡국의 강궁을 꺾은 것은 그 나라가 우리나라를 신생국이라 하여 업신여기지 못하도록 함이었다. 그런데 이를 불효라며 칼을 내리시니 자식 된 도리로 내 어찌 거절하리오."

해명태자는 다음 날 일찍 들판에 칼을 꽂아둔 다음, 동쪽 언덕에 올라 말을 타고 달리다 칼에 떨어져 죽었다. 그 후 그 들판의 이름을 창원槍原이라 했다. 유리왕은 해명태자보다 태자 주변을 둘러싼, 졸본에 웅거하고 있는 해명태자의 외척 세력이 두려웠던 것이다.

해명태자라고 아버지의 고뇌를 몰랐겠는가. 하지만 고구려인답게 죽음에 초연했다. 큰 산과 골짜기가 많고 너른 평야가 적은 고구려는 영토를 쉬지 않고 넓혀가야 했다. 길을 갈 때도 달음질치듯 빨리빨리

걸었다. 죽음을 두려워하지 않았던 고구려인들이기에 중국의 역대 황제들은 모두 고구려를 두려워했다.

권력이 비대해지수록 그 권력은 인간의 모습을 한 야수일 수밖에 없다. 물적 자원과 인적 자원 등 인간이 열망하는 희귀한 재화를 배분할 권한이 커지기 때문이다. 이 재화를 누릴 누군가를 선정해야 되고 누군가는 배제해야 한다. 그래서 리더가 아무리 공정하게 리더십을 발휘한다 해도 아쉬운 부분이 남는다.

그러므로 모든 권력은 견제를 받고 균형이 맞아야 한다. 권력 남용의 불가피한 측면도 있을 수 있기 때문에 큰 권력일수록 권력을 위임하고 검증받아야 한다. 해명태자를 죽음으로 내몬 유리왕은 태자 주변 세력의 권력 야심을 잘라내기 위해서였다.

그들의 뿌리 깊은 권력을 약화시키기 위해 천도까지 했는데도 여전히 맹위를 떨치며 왕권 불안 요소로 작용하기 때문에 그 구심점인 해명태자를 제거해야만 했다. 유리왕의 행위는 권력의 야누스적 속성을 적나라하게 보여준다.

이런 비극을 미연에 방지하려면 먼저 잠재적 리더의 가능성이 있는 구성원과 권력관계에 대해 허심탄회한 관계를 맺어야 한다. 유리왕이 해명태자와 주변 권력 집단의 야심과 동향을 솔직하게 나누었다면 아들을 제거하는 상황까지 이르지 않았을 것이다.

조직 내에서 리더가 유망한 인재와 솔직한 대화를 나누려다 보면 질책도 하고 심각한 이의를 제기할 수도 있다. 그럴 때 리더가 케어 care하고 있다는 것을 개인적으로 보여주어야 한다. 질책과 이의 제기 등의 피드백은 상대를 곤경에 빠뜨리려는 것이 아니라 교정과 성장의 기회라는 것을 느낄 수 있어야 한다. 그런 경우 시간이 지나면 당시 피드백이 도움이 되었음을 알고 감사하게 된다. 그리고 항상 역량을 최고로 발휘할 수 있도록 상황을 조성해준다. 이럴 때 리더와 구성원들이 더 나은 관계로 공통의 과제를 해결해나갈 수 있다.

9

리더십은
방향이다

소금장수 미천왕의 정방향

아버지 돌고가 숙부 봉상왕에게 역모 혐의로 제거당하자 을불은 살아남기 위해 도주해야 했다. 그 후 7년 동안 평민보다 못한 유랑아로 살면서 산전수전을 다 겪는다.

후환을 염려한 봉상왕이 전국에 군사를 풀고 현상금까지 걸며 방을 써붙이는 바람에 장삼이사張三李四들에게 지렁이처럼 밟혀도 참고 도망 다녀야 했다. 하루하루 날품팔이를 하며 도망 다니다가 어느 날 수실촌水室村이라는 산골 마을에 이르렀다.

을불은 그 마을의 부호인 음모陰牟의 집에서 머슴살이를 시작했다. 물론 음모는 을불이 누구인지 전혀 몰랐다. 일찍이 부모를 잃고 정처 없이 유리걸식하는 청년으로만 보고 심하게 부렸다.

"일은 시키는 대로 해야 하고 밥은 주는 만큼만 먹어야 하느니라."

을불도 도망 다니는 것보다 여기에서 머슴으로 숨어 사는 것이 나을 것 같아 시키는 대로 일을 했다. 그 집에 들어간 날부터 '별보기 노동'을 해야 했다. 새벽 별을 보고 밭에 나가 일했고 저녁 달빛을 받고 들어왔다.

그제야 자신이 왕손으로 얼마나 편하게 살았는가를 깨닫는다. 어느

여름날 밤, 지친 몸을 이끌고 돌아와 잠이 들려는데 주인이 불렀다.

"밤마다 우리 집 뒤 연못에 개구리들이 울어대는 바람에 도무지 잠을 잘 수가 없구나. 연못가에 가서 개구리들이 울지 못하게 하라."

그날부터 밤이면 밤마다 연못가에 앉아 개구리가 울면 돌이나 기와 조각을 던지며 온 밤을 지새웠다. 견디다 못해 1년 만에 음모의 집을 뛰쳐나왔다.

그 후 동촌東村 사람으로 소금장사하는 재모再牟를 만나 소금장수가 된다. 압록강에서 소금을 떼어다가 지게에 지고 이 마을 저 마을로 팔러 다녔다.

어느 날 해가 저물어 강동江東의 사수촌思收村에 있는 한 노파의 집에 머물게 되었다. 노파가 숙박비로 소금을 요구해 한 말斗을 주었는데 더 달라고 졸랐다. 을불이 그 정도면 충분하다며 주지 않자 앙심을 품은 노파가 을불의 짐 속에 자기 신발을 몰래 넣었다.

다음 날 아침 소금을 지고 을불이 길을 떠나는데 노파가 쫓아오며 소리쳤다.

"야, 이 도둑놈아, 하룻밤 잠까지 재워줬더니 고마운 줄은 모르고 도적질을 하느냐?"

"아니, 할머니. 내가 무엇을 훔쳤다는 말입니까?"

"고얀 놈, 당장 관가로 가자."

두 사람은 압록태수를 찾아갔다. 관원이 소금가마를 뒤져보니 과연 노파의 신발이 나왔다. 꼼짝없이 신발 도둑이 된 을불은 신분이 탄로 날까 봐 아무 말도 못하고 형리가 때리는 곤장 50대를 맞고 겨우 풀려났다. 머슴살이에 이어 장사꾼 노릇을 하다가 도둑으로 몰려 매를 맞기까지 했다.

"아, 세상이 나만 정직하다 해서 잘살 수 있는 곳이 아니구나. 아무리 바르게 살고자 해도 세상이 놓아두지를 않는구나. 이제 뭘 해야 하지?"

더는 할 일이 없어진 을불은 걸식하며 돌아다녔다. 영락없는 거지 몰골이라 누구도 그를 기골 있는 왕손이라 보기 어려웠다. 그때 즈음해서 국상인 창조리가 은밀히 북부의 조불과 동부의 소우 등을 보내 을불을 찾아 다녔다. 을불과 비슷한 사람이 재모와 더불어 소금장사하러 다닌다는 소문을 듣고 재모를 어렵사리 찾아냈다.

하지만 재모도 을불이 도둑으로 몰려 치도곤을 당한 후 어디로 사라졌는지 알지 못했다. 그러던 어느 날 비류수가에서 한 청년이 배 위에 서 있는 것을 보았다. 조불과 소우가 자세히 살펴보니 비록 몰골은 초라하나 을불이 분명했다. 이들은 을불 앞에 나아가 절을 하며 아뢰었다.

"저희는 국상 창조리가 파견한 사람들입니다. 이제야 왕손을 뵈오니 몸 둘 바를 모르겠습니다."

을불은 자기를 죽이러 온 봉상왕의 신하들인 줄로만 알고 시치미를 뗐다.

"잘못들 보셨소, 저는 일개 어부에 불과합니다."

"아닙니다. 소신들은 왕손께서 어렸을 적부터 멀리서 익히 보아왔던 사람들입니다. 저희가 여기 온 것은 봉상왕의 무도가 극에 달해 국상이 대신들과 함께 왕을 폐하고 왕손에게 동명성왕의 대를 잇게 하려 하는 것입니다."

그제야 마음이 놓인 을불의 두 뺨에 안도의 눈물이 주르륵 흘렀다. 을불이 구걸하다가 비류수가에 와 있는 것도 고구려를 세운 시조 주몽의 흔적을 맛보고 싶어서였다. 그 길로 을불은 귀경해 만조백관의 추대를 받아 왕위에 올랐다. 고구려 15대 미천왕이었다.

을불의 젊은 시절 7년간의 노비와 소금장수 생활은 고구려 어느 왕도 경험해보지 못한 것이었다. 그 경험은 왕실과 교육 위주의 박스 스마트box smart가 지닌 약점을 보완해 스트리트 스마트street smart의 강점으로 보완하는 기간이었다.

즉 혹독한 신분제 사회에서 노비나 소금장수 등을 통해 풍부한 현장 경험을 쌓으며 정확한 판단 능력을 구비했던 것이다. 그로 인해 고구려 어느 왕도 경험해보지 못한 백성의 삶의 현장을 생생하게 체험하고 왕이 되었다. 그는 고구려 28명의 왕 가운데 주몽을 제외하고 유일한 스트리트 스마트 리더라 할 수 있다.

이 경험으로 을불은 4세기의 승부사가 되어 낙랑과 대방을 점령했고 한군현 지역의 주민들을 무리 없이 잘 다스렸다. 이런 야인野人 경험이 없었다면 그만한 업적을 남기지 못했을 것이다. 을불의 탁월한 리더십은 저잣거리 인생 수업에서 나왔다. 이 때문에 고구려 28명의 왕이 대부분 기업가 정신이 탁월하지만 그중에서도 미천왕은 더욱 두드러진다.

기업가 정신의
4가지 표상

1. 위험을 기꺼이 감수한다.

누구나 쉽게 포기할 만한 상황에서도 끝까지 실행 방법을 찾는다. 모두가 말리는 길도 더 좋은 해결책이 있다고 믿고 나아간다.

2. 계획을 머뭇거리지 않고 행동으로 옮긴다.

헨리 그레이브 인시아드 경영대학원 교수는 연구논문에서 "비행 청소년 중 훗날 기업가가 되는 경우가 많다"고 밝혔다.

3. 경험을 통해 학습한다.

경영에 있어서 꼭 정해진 답은 없고 상황에 따른 해답은 반드시 존재한다고 믿는다. 다른 사람과 같은 길을 걷기보다 자기만의 길을 걸으려 한다.

4. 회복탄력성이 있다.

실패를 위대한 스승으로 생각하고 실패한 만큼 성공의 가능성이 더 커졌다고 확신한다.

기존 시스템에만 기댄
문자명왕의 오방향

선대로부터 엄청난 유산을 물려받았다면 어떻게 관리해야 할까? 그 유산이 얼마나 힘겹게 형성되었으며 얼마의 가치를 지녔는지를 계승자가 제대로 알기란 쉽지 않다. 그래서 당 태조는 "창업보다 수성이 어렵다"는 말을 남겼다.

시대를 뛰어넘은 영웅인 광개토대왕과 장수왕의 엄청난 유산을 물려받은 왕이 21대 문자명왕(재위 492~519)이다. 장수왕의 손자 나운羅雲으로, 아버지인 장수왕의 아들 조다助多가 일찍 죽는 바람에 승계자가 된 것이다.

문자명왕의 전반적인 정책 성향은 증조부 광개토대왕과 조부 장수왕이 성취한 업적 유지에 있었다. 그러다보니 고구려 특유의 역동성이 다소 약화되었다. 그럼에도 건국 이래 최대의 판도와 동방 최강자의 지위는 유지한다.

그만큼 만주 일대를 석권한 광개토대왕에 이어 장수왕 때 탄탄한 시스템을 구축해놓았던 것이다. 『위서』 「봉궤전封軌傳」에 북위의 효제가 봉궤를 문자명왕에게 보냈지만 면담을 거절당한 기록이 있다.

무슨 일 때문이었을까? 거란 기병이 북위를 습격해 60여 명을 끌고

갔다. 당시 국가 경제의 첫 번째 요소는 노동력이었다. 땅은 두 번째 요소였다. 사람이 있어야 얼어 있는 미개척지를 개간해 농사도 짓고 물건도 만들고 징세와 징병도 할 수 있는 것이다.

고구려 초기에 태조대왕이 한나라에 몇 차례 대승을 거두며 한나라 백성들을 많이 잡아왔는데 전쟁이 끝난 후 한나라에서 성인 한 명당 비단 40필, 아이는 한 명당 20필로 보상하겠다며 돌려달라고 애원했다. 그만큼 고대국가에서 인구는 중요했다.

북위의 백성을 거란 기병이 잡아갔는데 거란을 찾아가지 않고 왜 고구려를 찾아왔을까? 유목민이던 거란족은 옮겨 다니며 살았다. 그들 중 대부분이 고구려의 영향력 안에 있었다.

물론 고구려군 조직 안에도 말갈 기병이 다수 있었다. 이들은 평소에 외부에 살고 있다가도 고구려가 부르면 언제든 달려올 수 있는 형태로 움직였다. 이런 상황이라 북위로서는 거란족 기병의 준동 배후에 고구려가 있다고 본 것이다.

봉궤의 알현을 문자명왕이 거부한 것은 고구려가 독자적인 천하관을 가진 종주국임을 북위의 효제에게 보여준 것이다. 하지만 얼마 지나지 않아 봉궤를 만나 납치한 북위의 백성과 재물을 모두 돌려주기로 한다.

고구려의 기백을 충분히 보여주었으니 더는 갈등이 생겨 국경 분쟁이 벌어지는 것을 막겠다는 의도였다. 광개토대왕과 장수왕 때 같으면 어림도 없는 일이었다. 그만큼 문자명왕은 확장 일변도로 나가기보다 기존 영토를 안정되게 지키는 쪽을 택한다.

가끔 전쟁도 했지만 주로 방어전 중심이었다. 거대 조직이 문자명왕처럼 현상 유지에 만족할 때 어떤 방향으로 나아갈까? 역동성과 비전이 차츰 줄어들고 조직의 에너지가 내부를 향하게 되어 필연적으로 권력다툼이 벌어진다.

문자명왕이 즉위 28년 만에 세상을 떠난 후, 22대 안장왕 때부터 권력다툼이 본격화된다. 안장왕도 부왕처럼 중국과 불화하지 않고 편하게 나라를 이끌고자 했으나 내부 권력다툼에 희생되었다. 그다음의 23대 안원왕(재위 531~545)도 체제 안정 중심으로 국정을 운영했지만 왕비들의 권력다툼으로 피살되었다.

잡초 같은 생활을 해본 미천왕과 달리 문자명왕은 온실 속 화초처럼 자랐다. 광개토대왕이나 장수왕도 같은 왕실에서 자랐지만 정복군주로서 활발히 활동했다. 이에 비해 문자명왕은 장수왕 대까지 확장한 영토를 수성하는 일에 주력했다. 그러나 거대 조직이 역동성과 비전을 상실하면 내부의 권력쟁투가 필연적으로 발생한다.

1. 소신이 없어 시장 크리에이터가 되지 못한다.

현실안주형 리더의 거대 조직은 시장을 주도할 자원과 힘도 있지만 기존의 관습과 관행에 안주한다. 따라서 시장의 판도를 좌우할 크리에이터가 될 수 없다.

2. 실수를 두려워한다.

기업가 정신인 도전 의지가 결여되어 모험을 할 줄 모른다.

3. 공헌의 기회를 창출하려 하지 않고 주어진 여건 안에서만 움직인다.

광개토대왕부터 장수왕 때까지 안정된 상황과 잘 작동하는 메커니즘에 안주하다보니 더 높은 세계를 상상하지 못했다. 현장 경험이 전무한 리더십의 한계다.

4. 내게 좋으면 다 좋다고 생각한다.

어려서부터 주변 사람들의 극진한 보살핌에서 자랐고, 주변 환경이 자기를 맞추어주어 상대 입장에서 생각하고 판단하는 훈련을 쌓지 못했다.

5. 생각의 차이를 발견할 역량이 부족하다.

우물 안 개구리처럼 자기 관점으로만 세상을 본다. 나와 다른 사람의 관점을 경청하고 생각의 차이를 찾아 새로운 목표와 실행 방법을 모색하는 것이 리더의 책무인데 자기 생각에만 묶여 있다 보니 조직이 성장하지 못한다. 『포춘』과 일본의 『니혼게이자이신문』, 한국의 상공회의소 발표 등을 참조한 기업의 평균 수명은 30년 정도다. 창업 후 기업가 정신으로 궤도에 오를 때까지 비교적 높은 수익률을 내다가 그 후 안주하며 새로운 성장 엔진을 발견하지 못하고 하락의 길로 접어든다.

무방향 양원왕의 수모

문자명왕 때부터 광개토대왕과 장수왕의 업적을 유지하는 정책을 펴다가 외부로 향하던 고구려의 에너지가 내부로 향하며 기득권 다툼으로 안장왕, 안원왕이 연이어 피살되었다. 이런 혼란의 한가운데에서 24대 양원왕(재위 545~559)이 즉위했다.

그리고 양원왕은 전쟁터도 아니고 조정 내에서 고구려 역사상 최고의 수모를 당한다. 그 내용을 살펴보기 전에 안원왕 때를 돌아보자. 당시는 막강한 군사력을 자랑하던 북위가 523년에 이른바 '6진의 난'이라는 반란이 일어나면서 분열의 위기로 치닫던 때였다.

고구려에게 절호의 기회였다. 요서의 영주를 공격해 호족 한상과 그의 하호下戸인 500여 가구를 고구려로 데리고 왔다. 한상에게는 대사자大使者라는 벼슬을 주었다. 그리고 528년 난하 중류에 있는 안주安州의 도독都督인 강과江果와 그 성의 백성들을 설득해 고구려로 이주시켰다.

두 번 다 큰 싸움 없는 이주민의 행렬이었다. 그만큼 북위가 무정부 상태였다. 얼마나 심각했던지 530년대 북중국에는 수백만 명의 유민이 떠돌고 있었다. 고구려 기병대는 북경 일대까지도 자유자재로 들락

거리며 그 영토를 지배할 생각은 하지 않고 유민들을 데려오는 일만 했다. 이 얼마나 좋은 기회인가. 광개토대왕이었다면 북중국뿐 아니라 남쪽까지도 충분히 점령했을 것이다.

고구려가 북위의 혼란을 영토 확장의 기회로 삼기보다 유민을 끌어들여 인구를 늘리고 있는 동안 북위는 결국 534년 동위東魏와 서위西魏로 분열된다. 또 북제北齊와 북주北周가 들어선다. 이 중 북제의 황제 고양高洋이 요서 지방의 지배력 확대를 시도하면서 552년 9월 고구려에 사신 최유崔柳를 보냈다. 양원왕을 만난 최유는 북위 말기에 고구려가 데려간 유민을 돌려달라고 요구했다.

왕이 허락하지 않자 최유가 눈을 부릅뜨고 달려가 주먹으로 왕을 쳤다. 왕이 용상 아래로 떨어졌는데도 좌우 신하들은 숨을 죽인 채 사죄만 하고 있었다 拳擊成墜於牀下 成左右雀息不敢動. 그런 수모를 당하고도 유민 5,000가구를 돌려보냈다. 북제는 양원왕이 외가가 옹립한 나약한 왕이고 조정도 사분오열되어 왕을 이용만 할 뿐 왕의 권위를 적극적으로 세워줄 분위기가 아니라는 것을 이미 파악했던 것이다.

이처럼 고구려의 내분이 문자명왕 이후 30년 이상 지속되었다. 고구려가 약해지니 북방민족들이 창궐하는데 그중 돌궐이 강성해져서 551년 고구려를 침공했다.

고흘高紇 장군이 1만여 명의 군사를 데리고 나가 방어했지만 이 정도의 전쟁으로도 국력이 소모될 만큼 나라가 약해져 있었다. 다행히 양원왕의 후계자인 25대 평원왕이 실추된 왕권과 국력을 어느 정도 회복한다.

아무리 위대한 기업도 안주하기 시작하면 신성장 엔진을 찾지 못하고 추락하기 시작한다. 문자명왕 때부터 고구려가 뻗어나가지 않고 있다가 양원왕에 이르러 왕이 북제의 사신 최유에게 뺨을 얻어맞는 최악의 수모를 당한다. 광개토대왕이 무덤에서 벌떡 일어날 사건이었다.

양원왕시대의 고구려처럼 강성 조직에 무사안일의 리더십이 계속될 때 필연적으로 일어나는 일들이 있다.

첫째, 하극상 풍조다. 비전을 제시하지 못하는 리더의 조직은 좌표를 잃고 표류하는 배와 같다. 이것을 리더십의 실종이라 한다. 리더십이 실종된 리더는 양원왕처럼 우발적인 수모를 당하는 것은 물론이고, 평소에도 얼굴마담 역할만 하게 되어 있다. 교활하고 야심 있는 측근들이 실권을 쥐고 리더를 꼭두각시로 내세운 채 실리를 취하는 현상이 벌어진다.

둘째, 조직의 전 분야에서 솔선수범이 희박해진다. 한마디로 몸을 사린다는 것이다. 조직 내의 모든 부서가 다 잘하기란 어렵다. 치고 나가는 부서가 있어야 조금 뒤처지는 부서를 보완해주고 개선의 기회를 줄 여력도 생긴다. 하지만 모든 부서의 통합 조정자인 리더가 중심을 잃어버릴 경우 앞서가던 부서도 곧 흔들린다. 리더가 구성원들과 함께 가야 할 목표 달성을 위해 솔선수범하지 않을 때 산하의 어떤 유능한 부서라도 그 능력을 십분 발휘하기가 쉽지 않다.

셋째, 지속가능성의 실종이다. 달리지 않는 자전거는 쓰러진다. 아무리 능력 있는 조직이라도 멈춰 서 있는 리더를 추월하고 나갈 수 없다. 그래서 양 한 마리가 이끄는 사자 떼보다 사자 한 마리가 이끄는 양 떼가 강한 법이다.

그렇다면 무사안일의 리더십에서 벗어날 대안은 있는가? 봉상왕을

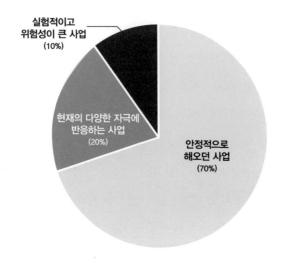

70 : 20 : 10의 비율

실험적이고
위험성이 큰 사업
(10%)

현재의 다양한 자극에
반응하는 사업
(20%)

안정적으로
해오던 사업
(70%)

교체한 창조리처럼 리더를 교체하는 것이 최고의 정답이다. 하지만 여의치 않을 경우가 많다. 일단 조직의 무사안일을 탈출하기 위한 자극이 필요하다. 변화하는 시장에 맞춘 후 변신을 시도하는 것이다.

마케팅 법칙 중 70:20:10의 비율이 있다. 위 그림의 10퍼센트가 여태껏 시도하지 않았던 실험적인 분야다. 구글 등 글로벌 기업의 히트 상품은 거의 10퍼센트에서 나오고 있다.

10

승리하는 군대는
먼저 이긴 후에
싸운다

인재 등용 방식 - 우씨 왕비와 조조

고구려 10대 산상왕(재위 197~227) 시대에 중국은 후한에서 삼국시대로 넘어갔다. 산상왕의 선왕 고국천왕이 후사 없이 갑자기 죽어 나라가 큰 혼란에 빠질 뻔했었다. 이를 슬기롭게 넘긴 여인이 우씨 왕비다.

그녀는 남편 고국천왕이 별다른 증세도 없이 잠자리에서 숨져 있는 것을 발견했다. 크게 놀랐지만 곧 진정하고 왕의 죽음을 아무에게도 알리지 않은 채 아직 어둠이 가시지 않은 왕실을 빠져나와 왕의 큰 동생 발기發岐를 찾아갔다.

"오랫동안 왕에게 아들이 없으니 후사는 당연히 시숙님이 맡으셔야 되겠습니다."

그때까지도 형의 죽음을 몰랐던 발기는 왜 그런 말을 하는지 알아보려고 하지 않고 형수를 나무랐다.

"하늘의 운명이 정해지는 때가 있거늘 어찌 가벼이 그런 말을 하실 수 있습니까? 더욱이 왕비의 몸으로 야심한 밤에 다니니 예禮에 어긋납니다."

이 말에 우씨 왕비는 크게 부끄러워하며 일어나 왕의 또 다른 동생 연우延優를 찾아갔다. 왕비가 찾아오자 연우는 의관을 갖추고 안방으로 안내하고 술상을 내어 함께 마셨다. 그제야 왕비가 말을 꺼냈다.

"대왕이 돌아가셨습니다. 후사가 없으니 발기가 당연히 뒤를 이어야 하지만, 내게 딴 마음이 있다고 무례하게 굴었소. 그래서 아주버니를 찾아왔습니다."

그 말이 끝나기가 무섭게 연우가 일어서더니 왕비에게 큰절을 올리고 친히 고기를 썰어 왕비에게 바치는데, 그만 실수로 손가락을 베었다. 왕비가 치마끈을 뜯어 피나는 손가락을 묶어준 후 돌아가려고 일어서며 부탁했다.

"아직 밤이 깊습니다. 아녀자 혼자 밤길이 조심스러우니 궁까지 동행해주시오."

그 말대로 연우가 왕비의 손을 잡고 궁으로 돌아가 왕의 사후 처리에 대해 의논했다. 다음 날 새벽 왕후가 연후를 대동하고 조정에 나타났다.

"지난 밤 왕께서 돌아가셨소. 연우를 왕으로 모시라는 유지를 남기셨소."

그리하여 연우가 산상왕으로 등극했다. 발기가 왕의 자리를 동생에게 빼앗겼다며 요동태수 공손도의 도움을 받아 반란을 일으켰다. 산상왕이 동생 계수罽須를 선봉장으로 보내 막게 했다. 발기의 반란군이 크게 패해 도망가자 계수가 뒤쫓아갔다.

그때 발기가 계수에게 외쳤다.

"네가 오늘 정녕 이 늙은 형을 죽이려느냐?"

계수가 형제의 정 때문에 죽이지는 못하고 이렇게 꾸짖었다.

172

"연우 형이 왕위를 사양하지 않은 것이 설령 의가 아닐지라도, 분노해 나라를 멸망시키려 하다니 조상들에게 면목이 없는 짓입니다."

고구려에서는 설 자리가 없어진 발기는 배천裵川으로 가서 자결했다.

우씨 왕비가 후계자가 정해지지 않은 상태에서 고국원왕의 죽음을 알렸다면 필시 내분이 생겼을 것이다. 고국원왕에게는 발기, 연우, 계수 등 세 형제가 있었는데 이 중 발기와 연우가 후사가 없는 형의 뒤를 잇고자 하는 권력 의지가 강했기 때문이다.

이후 우씨 왕비는 산상왕과 결혼해 다시 왕후가 되었다. 이는 당시 형사취수兄死娶嫂제가 하나의 문화였던 고구려인들이 충분히 이해할 수 있는 일이었다.

우씨 왕비의 재치로 고구려 왕실이 안정을 찾아갈 무렵인 205년 즈음이다. 후한 황제를 꼭두각시로 만들고 권력을 장악한 조조가 널리 천하의 인재를 구한다는 구현령求賢令을 발표했다. 조조는 북중국의 강자는 되었지만 아직 갈 길이 멀었다. 그를 도와 천하를 경략할 인재가 절실했다.

구현령의 핵심은 유재시거唯才是擧, 역량만으로 등용한다는 것이다. 여기서 조조의 천재적인 용인술이 발휘된다. 인재를 구하기 위해 고대 사회에서 지연과 혈연과 학연은 물론 도덕적 흠결까지도 불문하겠다는 것은 그야말로 파격이다.

조조가 이런 기준을 정한 것은 권력을 아첨하는 무리들이 파당을 지어 자기 파당에 들지 않은 자들의 흠결을 지어내거나 과대포장해 낙마시킨다고 보았기 때문이다. 권력의 속성을 정확히 간파한 조조였다. 조조는 다음과 같은 사례도 들었다.

조조

한나라 문제가 직불의直不疑를 태중대부太中大夫에 임명할 때, 신하들이 "그가 형수와 사통하고 있다"며 비난했다. 문제가 의아해하자 직불의는 별다른 해명도 하지 않고 혼자 중얼거렸다.

"나는 형이 없는데……."

조조가 든 또 하나의 사례는 후한 광무제의 명신 제오륜第五倫이었다. 외척을 견제하고 서민을 대변해 귀족들에게 늘 미움을 받았다. 하지만 광무제가 제오륜이 비범하다며 총애했다. 그럴수록 신하들은 제오륜의 중용을 막으려고 했다. "제오륜이 장인어른을 구타한 패륜아"라는 소문까지 퍼트렸다. 광무제가 의아해하자 제오륜이 사실을 털어놓았다.

"신이 3번 결혼했지만 모두 아버지가 없는 여인들입니다."

조조는 역량을 중시한 인재 등용으로 후한 이후 분열된 사회를 수습해나간다.

우씨 왕비에게 배우는
인재 등용 원칙

1. 그 분야의 업무에 대한 의지가 있는가?

누구나 의지가 있다고 말은 한다. 그러나 실제 잘해낼 사람은 평소에 그 업무에 대해 구상하고 자신이 맡을 경우 어떻게 해야 할지를 어느 정도 알고 있다.

발기도 왕이 될 욕망은 있었다. 그러나 운수소관이라고 보고 우씨 왕비를 꾸짖었던 것이다. 권력을 탐하면서도 자기 노력 없이 우연한 기회가 주어지기만 기다렸다. 그러나 연우는 달랐다. 야심한 밤에 찾아온 우씨 왕비를 보고 필시 무슨 변고가 일어났다고 직감하고 환대했다. 그는 권력 의지를 실현할 기회를 찾고 있었던 것이다. 우씨 왕비는 발기의 누리기만 하려는 권력 의지와 연우의 적극적인 권력 쟁취 의지를 확인하고 연우를 선택했다.

2. 그 직책에 적격자인가?

의지가 있어야 업무에 열중하고, 적격자여야 업무 성과가 나타난다. 따라서 인재를 등용할 때 개인의 친소관계, 호불호를 먼저 고려하지 않는다. 우선 중요한 것은 그 일을 할 만한 그릇이 되느냐다.

그 일에 적격자라면 비록 원수라도 기용한다. 인재 선정은 그 자체로 끝나지 않는다. 그 과정은 다른 구성원, 특히 시장에 영향력이 큰 조직인 경우 대중도 납득해야 한다. 공평무사와 기회 균등이라는 대원칙이 지켜져야 시장의 공감도 받는다. 우씨 왕비는 왕위 계승권 1순위인 발기에게 일단 기회를 주었다. 발기가 시답잖은 반응을 보이자 그 다음에 연우를 선택했다.

중천왕과 여포의 러브라인

중국 역사의 4대 미인 중 하나가 여포의 부인 초선貂蟬이다. 초선에 버금가는 고구려의 미인으로 중천왕中川王(재위 248~270)의 소실 관나부인貫那夫人을 꼽는다. 관나부인의 미모에 대해 사서는 이렇게 전한다.

아름다운 얼굴에다 9자나 되는 장발을 지니고 있어 왕후 연씨椽氏의 투기가 심했다.

더구나 중천왕이 관나부인에게 반해 장차 소후小后로까지 삼고자 했다. 이에 연씨왕후가 질투로 토라진 채 중천왕에게 권했다.

"서위西魏가 장발 미녀를 구한다고 하니 관나부인을 보냅시다. 그러면 양국의 관계도 지금보다 원만해지겠죠."

중천왕은 왕비가 시기 질투가 너무 심하다며 무시했다. 이 소식을 들은 관나부인이 왕비가 머지않아 자신을 해치고 말 것이라는 두려움 속에 자신이 먼저 왕비를 제거할 궁리를 한다. 두 여인의 사랑싸움이 노골화되는 가운데 관나부인은 왕에게 "당신이 궁을 비울 때를 노려 왕비가 필시 나를 죽이려 할 것"이라며 눈물로 호소했다. 그리고 며칠

후 왕이 사냥을 나가자 돌아올 시간에 맞추어 가죽 주머니를 안고 눈물을 흘리며 쓰러져 있었다. 왕이 다가가 껴안으며 물었다.

"무슨 주머니인가?"

"왕비께서 저를 이 주머니에 담아 죽이려 했습니다. 그래서 이 주머니를 들고 겨우 도망쳤습니다. 무서워 더는 왕을 모시기 어렵사오니 저를 놓아주십시오."

왕이 진상을 알아보니 자작극이었다. 분노한 왕은 관나부인을 그 가죽 주머니에 넣고 서해에 던져버리게 했다. 『삼국사기』의 기록이지만 소실을 둘 수 있는 왕과 사랑하고 있다는 이유만으로 수장되었다는 것은 납득하기 어렵다.

당시 정국에서 중천왕은 명색만 왕이지 실권이 없었다. 중천왕이 속한 계루부가 부왕 동천왕 때 위나라 관구검과 앞장서서 싸우다가 큰 타격을 입었다. 그 후유증이 중천왕 때에 왕권 실추로 나타난 것이다.

중천왕이 24세의 나이에 집권하던 해에 두 동생이 반란을 일으켰을 때도 왕비의 출신 부족인 절노부의 도움을 받아 진압할 수 있었다. 이 절노부의 명림어수明臨於漱가 내외병마사를 겸하며 국정과 군대까지 총괄했다.

권력의 중심에서 밀려난 젊은 왕은 매일 사냥만 다니다시피 하며 소일하고 있었고 나머지 시간은 관능미 넘치

수산리 벽화의 고구려 귀부인

는 관나부인에게 빠져 지냈다.

왕비와 절노부가 이를 그대로 보고만 있을 리 없다. 저러다가 관나부인이 덜컥 아들이라도 낳는다면 사정이 달라질 수도 있다. 그래서 중천왕 즉위 3년째에 관나부인을 제거했다.

관나부인이 무력한 왕의 사랑을 받은 죄 아닌 죄로 죽어야 했다면, 천하제일의 용장 여포는 초선의 미인계에 허우적대다가 생을 마감했다. 삼국시대에 "말 중에 적토마요, 호걸 중에 여포"라는 칭송을 받았던 여포는 그야말로 천하무적이었다. 조조도, 유비, 관우, 장비도 여포만큼은 꺾지 못했다. 적토마를 타고 전쟁터를 누비는 그를 감당할 자는 없었다.

한나라 말기 동탁董卓이 정권을 장악하고 있을 때였다. 여포가 양아버지로 모시던 충절의 대명사 정원丁原의 목을 베어 동탁에게 바치고 동탁의 신임을 얻는다. 한편 조조, 원소, 공손찬, 손견 등 전국 17제후들이 동탁 타도를 외치며 연합군을 결정했다. 하지만 여포를 앞세운 동탁에게는 상대가 되지 못했다. 그래서 한나라 충신 왕윤王允이 여포와 공모해 동탁을 주살한다. 동탁의 시녀와 몰래 정을 통한 여포를 왕윤이 포섭한 것이다.

『삼국지연의』에서는 이 과정을 다음과 같이 묘사했다. 한나라 충신 왕윤이 권신 동탁을 제거하기 위해 미인계를 꺼내든다. 시녀 초선에게 먼저 여포를 유혹하고 다음에 동탁을 유혹하라고 했던 것이다. 단순한 여포는 금방 초선의 매력에 깊이 빠졌다. 머지않아 동탁도 초선에게 매료당해 자기 처소로 데리고 갔다. 이를 알게 된 여포가 눈이 뒤집혀 양아버지 동탁을 단칼에 베었다. 그 후 이곳저곳을 떠돌아다니며 여전

초선

히 무예를 과시했지만 배신자로 낙인이 찍혀 큰 세력을 형성하지 못하고 중원을 방랑하다가 부하들의 반란으로 조조에게 잡혀 죽는다.

그의 최대 실책은 미인계에 넘어간 것이었다. 여포가 유능한 무장인 것은 틀림없지만 귀가 얇아서 신뢰를 주지 못하고 이용만 당했다. 나름의 신념이 부족해 눈앞의 유혹과 감언이설에 잘 넘어간 결과다. 미인계란 무엇일까? 『육도六韜』 「문벌文伐」을 참고해보자.

(적의 군주에게) 아첨하는 신하를 지원해 혼미하게 하고, 미녀의 교태를 보내 그 넋이 나가게 한다 養其亂臣以迷之 進美女淫聲以惑之.

미인계의 광의적 의미는 나라를 미모든, 아첨이든 어떤 수단을 사용해 적장의 정신을 혼미케 하는 것이다. 미인계는 불륜도 아니고 더구나 사랑은 더더욱 아니다. 오로지 모략과 공작일 뿐이다. 달기, 포사, 서시, 양귀비 등은 미모로 왕을 현혹시켜 나라를 망하게 했다 해서 '경국지색傾國之色'으로 불린다.

오늘날에도 정계, 재계를 막론하고 미인계가 자주 동원된다. 영국의 고든 브라운 전 총리 일행이 2008년 중국을 방문할 때였다. 중국 정보요원의 미인계에 걸려 고급 정보를 털렸다. 글로벌 기업 임원들에게 미모의 사진작가임을 내세워 접근하는 경우도 있었다. 현란한 어휘나 허황된 수법으로 사기 계약이나 거액 투자정책의 오판, 인재 선택의 오류를 유도하는 것도 상대를 미혹시키는 미인계의 일종이다.

미인계에
걸리지 않는 방법

1. 내가 무엇을 하려고 하는지 분명히 알고 있는가?

그것을 알고 있다면 상대의 제안이 미인계인지 아닌지 분별할 수 있다. 워렌 버핏은 이렇게 말했다. "위험은 당신이 무엇을 하고 있는지를 잘 모르는 데서 비롯된다."

2. 화려한 외모에 감춰진 빈약하고 사악한 내면을 응시한다.

성공 사례만 가득하고 실패 사례가 없다고 한다면 사기일 가능성이 농후하다. 워렌 버핏은 자신의 투자 원칙에 대해 이렇게 말했다. "나는 자주 기업의 성공 사례보다 실패 사례를 연구하며 더 많은 것을 얻는다."

3. 정보는 충분한가?

오판의 대부분은 정보의 비대칭에서 발생한다. 상대가 충분한 정보를 제공하지 않을 경우 교언영색巧言令色일 가능성이 농후하다. 속 빈 강정이라는 뜻이다.

4. 잠재적 가치가 있는가, 그렇지 않고 오직 단기적 수익에만 집착하는지를 따져본다.

적벽대전과 좌원대첩

　고구려의 좌원대첩은『삼국지』의 적벽대전赤壁大戰을 능가하는 쾌거였다. 좌원대첩이 터지고 나서 36년 후에 적벽대전이 일어났다.

　좌원대첩에서 한나라 대군이 몰살당한 후 징용에 지칠 대로 지친 중국의 민중이 황건적의 난에 환호하면서 한나라가 무너지고 삼국시대가 시작된다. 삼국시대 개막의 신호탄인 적벽대전의 전개 과정을 먼저 살펴본 후 좌원대첩을 다룬다.

　208년에 일어난 적벽대전은『삼국지』의 최고 명장면이다. 조조의 남하에 밀린 유비가 손권을 설득해 10만의 오촉연합군을 결성하고 양자강 유역에서 조조의 100만 대군과 맞붙은 전투다.

　『삼국지연의』등을 참고하면 조조의 주력부대는 보병이다. 이들이 배 위에서도 멀미를 하지 않고 땅 위에서처럼 싸울 수 있도록 배와 배를 쇠사슬로 연결하는 연환계連環計를 구상한다. 오촉의 책사 주유周瑜와 제갈공명 등도 대응 전략을 구상하기 시작한다.

　그리고 조조의 군사가 연환계를 펼치며 다가오자 이를 이길 방법은 화공계밖에 없다는 결론을 내린다. 그러나 계절상 동남풍이 잘 불지 않는 시기였다.

오촉연합군이 고민에 빠져 있는데 손권의 장수 황개黃蓋가 고육계를 제안한다. 다음 날 군인들이 많이 모인 장소에서 황개를 초죽음이 되도록 두들겨 팬다.

오촉연합군이 화공책火攻策을 쓴다는 소문이 간첩을 통해 조조에게 들어가기 직전, 황개가 기름 부은 마른 갈대를 안 보이게 실은 배 10척을 끌고 조조에게 거짓 투항하러 갔다.

황개의 배가 가까이 오자 조조까지 나와서 대환영한다. 그런데 황개의 배들 가운데에서 갑자기 불길이 치솟더니 마침 불어오는 바람에 불티가 날아가 조조 수군의 배로 옮겨 붙었다. 배들이 쇠사슬로 묶여 있어 모든 배가 한 덩어리처럼 불타오르는 것을 감수할 수밖에 별 도리가 없었다.

불바다를 피해 일부는 물로 뛰어들어 익사했다. 조조는 간신히 작은 배를 타고 도망했다. 여기서 대패한 조조가 남방 공략을 중단한다. 물량 등 모든 면에서 앞섰던 조조군이 오촉연합군의 지략에 말려 패배한다.

고구려의 좌원대첩은 수천 병력으로 한나라 병사 10만 명을 몰살시켜 적벽대전을 능가했다. 둘 다 공통점은 지략에 앞선 측이 물량 공세를 완벽하게 눌렀다는 것이다.

좌원대첩의 영웅은 명림답부다. 태조왕, 차대왕, 신대왕을 모셨는데 차대왕이 계속되는 천재지변 때문에 민심을 잃자 하급관리였던 명림답부가 고령의 나이에도 왕을 시해했다. 그리고 신대왕(재위 165~179)을 세운 후 국상에 올랐으며 그때부터 모든 정사가 명림답부에 의해 좌우된다.

노령의 최말단 관리가 왕을 살해한 것도 의외지만 그 후에 어떻게 단숨에 병권을 장악한 실세가 되었을까? 5부족 연맹체로 출발한 고구려는 5부족 간의 권력다툼이 항상 내재되어 있었다. 차대왕 때는 연나부가 소외되어 있었는데 연나부에 속한 명림답부가 차대왕을 시해하자 연나부가 좋은 기회라 보고 조직적으로 명림답부를 추켜세운 것이다.

172년 한나라의 현도태수 경림耿臨이 대군을 이끌고 침입했다. 왕이 신하들의 의견을 구했다.

"나가 싸우는 것과 지키는 것 중 어떤 것이 좋겠소?"

많은 신하들이 이구동성으로 대답했다.

"당연히 나가 싸워야 합니다. 한나라가 병사 수만 믿고 우리를 가볍게 보고 있습니다. 이럴 때 나가 싸우지 않으면 겁쟁이로 보고 수시로 침입하게 될 것입니다. 당장 달려나가 싸워야 합니다."

여러 신하들이 앞서서 불퇴전의 결의를 다지고 있을 때 듣기만 하던 명림답부가 한마디 했다.

"그렇지 않습니다. 한나라의 대군은 강병으로 구성되어 있습니다. 욱일승천하는 기세로 몰려오고 있는데 우리가 맞서 싸우기에는 중과부적衆寡不敵입니다. 군사가 많을 때는 나가 싸우고 적을 때는 내게 유리한 지세地勢에서 기다리는 것이 병가지상사兵家之常事입니다."

명림답부의 말에 왕이 답답해하며 구체적인 방안을 물어왔다.

"국상, 그렇다고 무작정 기다릴 수만은 없지 않습니까?"

"물론 대비해야 합니다. 성 밖에 깊고 넓은 도랑을 파서 적이 성벽까지 오지 못하게 막고 우리 성루는 더 높이 쌓아 적을 내려다보며 화살을 날릴 수 있도록 해야 합니다. 그리고 적이 진주하는 주변 들판의 농작물을 다 치워놓으면 적들은 한 달을 버티지 못하고 도주하게 되어 있습니다."

모두가 고개를 끄덕였는데 모든 권력을 쥔 명림답부의 눈치를 보았기 때문이 아니라 그 전략이 너무도 치밀했기 때문이다. 한나라군이 고구려로 향할 때 명림답부는 척후병에게 한나라의 동태를 보고받고 있었다.

이들을 고구려군이 싸우기에 유리한 지형으로 유인해 매복과 기습작전을 펼치려고 준비하고 있었던 것이다. 이른바 척후 – 매복 – 기습의 전략을 이미 실행하고 있었다.

고구려군이 농성전으로 맞서자 한나라 대군은 얼마 못 가 굶주림에 시달려 싸울 기력이 없어졌다. 별 수 없이 퇴각하는데 고령의 명림답부가 기병 수천 기만 이끌고 쫓아갔다.

그러나 단숨에 한나라군을 치지 않고 좌원평야까지 몰아갔다. 좌원평야에 한나라군이 들어서는 순간 명림답부가 일제히 공격하라는 신호를 보냈다. 그로써 한나라 10만 대군이 전멸했다. 좌원대첩의 후유증이 한 왕조가 멸망하는 단초가 된다.

"승리하는 군대는 먼저 이긴 후에 싸운다勝兵先勝而後求戰." 이것이 적벽대전과 좌원대첩의 비결이었다. 『손자병법』 「군형軍形」 편에 나오는 전략이다. 명림답부, 제갈공명과 주유는 먼저 승리할 수 있는 조건을 조성해놓고서야 전쟁을 시작했다. 제갈공명과 주유 등은 조조의 100만 대군과 자기 측의 10만 연합군의 형세를 연환계와 화공 구도로 바꾸어놓았고 명림답부도 역시 10만 한나라군과 수천 고구려군이 대결할 조건을 고구려에게 유리하도록 조성했다. 식량을 넉넉하게 비축한 성안의 고구려군과 메마른 들판의 허기진 한나라 대군의 구도로 전환해놓은 것이다.

시장에서도 완전히 새롭고 유리한 비즈니스 구도를 만들어 정상의 자리를 차지하는 기업을 '카테고리 킹'이라 한다. 우버, 아마존, 스냅챗 등이 여기에 해당한다.

정복형
경제군주,
광개토대왕

길이 없으면 길을 만들어라
– 교동도 관미성 전투

고구려 특유의 리더십을 온 몸으로 실천한 왕이 광개토대왕이다. 분명한 목적의식을 간직하고 이를 구체적인 행동으로 실현했다. 주몽 때부터 면면히 내려온 건국이념인 다물을 구현한 것도 광개토대왕이었다.

고조선의 강역이었던 요동반도와 만주 벌판, 러시아 연해주까지 회복했다. 주몽과 고조선 유민의 꿈이 광개토대왕 때 비로소 이루어진 것이다. 이런 위대한 업적을 기리기 위해 아들 장수왕이 세운 약 7미터 높이의 광개토대왕비가 통구通溝시에 우뚝 서 있다. 그의 웅대한 업적 앞에 초라해진 일본과 중국이 비문을 조작할 정도였다.

사실 광개토대왕이 즉위할 즈음 고구려는 풍전등화였다. 서쪽으로는 중국이 5호16국으로 분열되어 있었고, 이에 따라 위쪽에서는 북방민족들이 사납게 준동하고 있었다. 만일 고구려에 허약하거나 어리석은 왕이 들어섰다면 필시 북방민족의 말발굽에 짓밟혔을 것이다.

북방민족만 준동한 게 아니라 아래쪽의 백제는 그야말로 전성기였다. 이런 열악한 상황에서 18세에 왕이 된 광개토대왕은 22년 치세 동안 동아시아 최강의 국가를 만들었다. 광개토대왕 시절 고구려는 국력만 강했던 것이 아니라 백성들의 삶도 어느 때보다 안정되었다. 그래서 백성들은 그를 그냥 대왕大王이 아니라 왕 중 왕이라며 '태왕太王'이라 부르며 좋아했다.

광개토대왕의 원래 이름이 담덕談德인데 담덕이 태어나던 해, 묘하게도 백제를 해양강국으로 만든 정복왕 근초고왕이 죽는다. 언제나 그러했듯이 고구려는 서방 정벌에 앞서 배후가 안정되어야 한다. 그러려면 고구려 못지않은 확장 욕구를 지닌 백제를 먼저 정리해야 했다. 따라서 광개토대왕은 즉위 초부터 백제를 맹렬하게 공격한다. 당시 백제와 고구려의 주요 전선은 예성강과 임진강 유역이었다.

광개토대왕은 392년 7월 친히 4만의 군대와 함께 황해도 지역의 백제 성 10개를 빼앗았다. 당시 백제의 진사왕辰斯王이 전력을 기울여 방어했으나 패했다. 백제와 고구려의 전반적인 전세가 역전되는 순간이었다.

신라 호우총에서 발굴된 청동 그릇. 고구려 광개토대왕의 이름이 새겨져 있다.

이전의 대부분 전쟁에서는 백제가 크게 우세했다. 고국원왕까지 비명횡사했으며 소수림왕과 고국양왕도 부왕의 복수전을 시도했으나 실패했다. 그런데 고국원왕의 손자가 이런 분위기를 완전히 뒤바꾸어놓는다.

그해 9월 북으로 올라

가 거란을 정벌하고 500명을 사로잡아온 후, 곧바로 함대를 이끌고 교동도의 관미성을 공격하기 시작했다. 임진강과 한강의 합류 지점에 있는 관미성은 사방이 험준한 천연 요새였다. 백제는 이곳을 지켜야만 한성으로 들어오는 경기도 이남 지역의 생산물과 세금 수취선을 안전하게 지켜낼 수 있다.

광개토대왕의 함대가 강화도 근처에 내려와 머물다가 밀물을 타고 관미성을 포위하기 시작했다. 그리고 병사들을 일곱 방향으로 공격을 시도했다. 관미성의 백제군이 절벽을 기어오르는 고구려군에 돌을 굴리고 화살을 쏘아 바다에 수장시켰다. 그런 식으로 공방전을 벌이며 20여 일이 흘렀다. 그날 밤 광개토대왕이 새로운 작전 지시를 내렸다.

"일곱 공격부대 중 성문 앞을 지키는 부대만 남고 나머지 여섯 부대는 오늘 야음을 이용해 배를 타고 북쪽으로 퇴각하라. 적의 눈이 미치지 않는 곳까지 올라갔다가 다시 멀리 돌아오되 은밀한 곳에 배를 숨겨두고 병사들은 성문에서 가까운 지역에 다섯 부대는 매복하고 나머지 한 부대는 먼 지역에 매복하라. 절대로 적이 눈치 채면 안 된다."

관미성의 백제군은 고구려군이 어둠 속에 퇴각하는 것을 보았다. 관미성 성주가 성문을 열고 기별을 몰아 성문 밖의 고구려군을 공격했다. 고구려군이 말을 타고 도망가기 시작했다. 한참을 쫓아가는데 뒤쪽이 소란스러워 돌아보니 성문 위에 백제의 황색 깃발 대신 고구려의 적색 깃발이 나부끼고 있었다. 성주가 성문을 열고 나온 틈을 타서 성 근처에 매복해 있던 다섯 부대가 성으로 들어가 함락한 것이다. 그제야 속은 줄 알고 군사를 돌이키려 하자 근방에 매복해 있던 한 개 부대가 막아섰다.

이렇게 관미성을 빼앗긴 백제 진사왕은 패전 책임론에 휘말리며 백제인에게 살해되고 아신왕阿莘王이 즉위한다. 그만큼 관미성은 백제에 중요한 요새였다. 황해와 중국 북서부는 고구려뿐 아니라 백제도 경략하고 싶은 지역이었다. 이를 위해서도 관미성이 절대 필요했다. 광개토대왕의 장점 중 하나가 상대의 급소를 정확히 알고 미리 장악한다는 것이다.

또한 광개토대왕은 열정의 화신이기도 했다. 열정에는 2가지 힘이 있다.

첫째, 지치지 않고 계단을 오를 수 있는 힘이다. 광개토대왕은 20대와 30대를 정복 현장에서 보냈다. 말하자면 생산 현장에서 젊음을 보낸 것이다. 소수림왕이 체제 정비 등 고구려의 비상을 위한 기반을 마련해주었지만 어디까지나 기초공사만 겨우 끝난 상태였다. 국제 정세는 여전히 고구려에게 불리했다. 5세기 동아시아 최강 국가 고구려는 온전히 젊은 광개토대왕의 지칠 줄 모르는 열정으로 탄생했다.

둘째, 지지자를 모으는 힘이다. 광개토대왕이 다른 왕들과 달리 백성들과 함께 동아시아 최강국을 만들 수 있었던 것도 그의 열정이 백성에게 전염되었기 때문이다. 성공하는 기업가가 되려면 우선 자신부터 열정적인 사람이 되어야 한다.

찰리 패덕Charley Paddock이라는 유명한 육상선수가 미국 클리블랜드의 한 고등학교 강당에서 "여러분들 중 올림픽 챔피언이 나오지 않는다고 누가 장담할 수 있을까요?"라는 강연을 했다. 이 강연을 들은 깡마른 흑인 청소년이 열정을 불태워 올림픽 영웅이 되었다. 1936년 베를린 올림픽에서 마라톤 금메달을 딴 제시 오언스Jesse Owens였다.

이처럼 열정은 전염성이 강하다. 강연장이나 선거 유세장이나 교실, 회의실, 마케팅에서도 마찬가지다. 우선 자신이 프로젝트나 상품에 열정이 있어야 다른 사람들의 열정을 불러일으킨다.

열정은 흥분이 아니라 불타오르는 투지다. 열정이 있는 사람과 없는 사람을 비교해보라. 열정은 내면에서 용솟음치는 투지며, 이성을 마비시키는 흥분과는 전혀 다른 개념이다. 시골 구멍가게에서 세계적 유통업체로 성장한 월마트의 창업주 샘 월튼이 좋은 예다. 월튼도 광개토대왕처럼 지칠 줄 모르는 열정맨이었다. 자신의 물건과 상점에 대한 열정으로 미국 전역을 돌아다녔다. 살인적인 스케줄로 전국의 상점을 직접 돌며 직원을 격려했다. 그러나 판매가 즐거웠기 때문에 전혀 힘든 줄 몰랐다.

그러나 열정은 타고나는 것만은 아니다. 열정을 만들어내는 방법이 있다. 먼저 평소 자신의 열정이 어디를 향하는지를 알아야 한다. 만일 그 열정이 자신도 모르는 사이에 소모적인 충동으로 흐르고 있다면 바람직한 방향으로 돌려야 한다. 그러기 위해 자신을 믿고, 자신이 하는 일을 믿고, 자신이 열망하는 목표를 반드시 이루겠다는 신념을 갖는 것이 중요하다.

냉철한 지략가 광개토대왕 vs 복수의 화신 아신왕

관미성을 광개토대왕에게 빼앗겼다 해서 백제 진사왕이 무능한 왕으로 몰려 죽었다. 그 후임인 아신왕은 관미성 탈환이 무엇보다 시급했다. 393년 정월 아신왕이 동명묘에 배알하고 가을에 진무眞武 장군을 불렀다.

"관미성은 우리의 숨통과 같은 곳이다. 과인은 원통해서 견딜 수가 없다. 반드시 수복하라."

드디어 백제 군사 1만 명이 관미성을 둘러쌌다. 광개토대왕은 이런 상황이 올 줄 미리 알고 대비책을 세워두었다. 관미성으로 백제 수군이 들어오자 기다렸다는 듯이 관미성 해역으로 향하는 모든 보급로를 차단할 준비를 해두었다.

이를 알 리 없는 진무 장군이 선봉에 서서 관미성을 공격했다. 백제군이 워낙 거세게 덤벼들어 고구려군은 제대로 반격하지 못하고 관미성을 빼앗길 지경까지 갔다. 그런데 백제군은 보급로가 끊겨 공격할 힘을 잃었다. 백제로서는 원통했지만 철수해야 했다. 광개토대왕의 지략이 빛나는 순간이었다. 고구려군은 전투에서 밀렸으나 보급로 차단이라는 전략에서 이긴 것이다.

이듬해인 394년 백제가 다시 3만 병력을 모아 관미성을 치려 했다. 이때 수뇌부가 오랜 회의 끝에 평양성으로 가는 길목의 수곡성을 치기로 했다.

교동도 해역으로 보급로 확보도 여의치 않으니 먼저 수곡성을 빼앗으면 평양성을 도모하기 쉽고, 관미성은 물론 저 멀리 국내성까지 진격하기가 훨씬 수월하다고 보았던 것이다.

수곡성으로 진격해 오는 백제군을 광개토대왕이 군사 5,000명을 데리고 매복해 있다가 전멸시키다시피 했다. 그해 8월 아신왕이 설욕하려고 다시 침공하는데 광개토대왕이 7,000명의 병력으로 패수에서 막아섰다. 병력 수는 백제가 많았다. 그러자 기병이 더 많던 고구려가 일부러 성 밖의 장소를 결전 장소로 선택한 것이다.

광활한 장소에서는 기병이 보병보다 훨씬 전투력이 강하다. 이 전쟁에서 백제군 8,000명이 전사했다. 아신왕이 복수의 집념으로 일관해 치밀한 전략 대신 충동적인 공격 위주로만 나갔던 반면, 광개토대왕은 아군과 적군의 법령과 조직과 진영의 형태, 보급선의 상태까지 확인하고 어떤 방식으로 싸워야 되는지 치밀한 전략을 짰다.

395년 초겨울, 또다시 아신왕이 친히 군사 7,000명과 함께 복수전을 펼치려고 송악산을 넘어 청목령까지 진격하는데 큰 눈이 내리고 강추위가 계속되어 동사자만 속출하고 되돌아와야 했다.

이렇게 반복되는 상황을 광개토대왕이 일단락 짓기 위해 396년 직접 백제의 왕성을 공격해 함락시키고 만다. 결국 아신왕은 광개토대왕 앞에 무릎을 꿇어야만 했다.

"지금부터 영원히 대왕의 노객奴客이 되겠습니다."

지략 없는 투지가 부른 비극을 보여준 장면이었다. 아신왕에게 항복을 받고 광개토대왕은 아신왕의 동생과 신하 10명, 백성 1,000여 명과 더불어 많은 재물을 취해 개선한다. 이것이 백제의 396년 '병신년 대치욕'이다.

이후 광개토대왕은 남쪽 정벌을 중단하고 북쪽 후연과 대치했다. 이제 마음 놓고 북벌할 수 있다고 본 것이다. 그러나 복수의 화신 아신왕은 달랐다. 3년 동안 설욕하려고 절치부심하다가 왜와 가야까지 끌어들여 삼국연합군을 구성해 신라를 공격하고 고구려 영토인 대방 지역까지 공략한다. 이때 광개토대왕이 기병 5만을 신라에 급파해 구원해주고 내친 김에 낙동강 하류까지 진격해 임나가야의 항복까지 받아냈다.

치밀한 광개토대왕은 신라가 구원자 고구려에 복종한다는 표시로 왕자를 볼모로 보내도록 조치했다. 이처럼 백제를 비롯한 남부의 전선을 어느 정도 안정시킨 광개토대왕의 발길은 만주와 중원으로 향한다.

열정과
흥분의 차이

1. 열정은 능력을 발휘하게 해주지만 흥분은 능력을 사장시킨다.

흥분하면 상황을 보는 시야가 좁아진다. 그래서 싸울 때 상대의 약을 올려 이성을 잃게 만드는 것이다. 아신왕도 결코 무능한 군주가 아니었다. 그러면 왜 광개토대왕에게 패했을까?

상대인 광개토대왕이 워낙 유능한 군주이기도 했지만 아신왕은 복수심이 앞서 고구려를 공격하는 데만 급급했다. 이렇게 되면 충동적 화풀이밖에 되지 않는다. 광개토대왕을 그리스의 신 프로메테우스라 한다면 아신왕은 에피메테우스에 비유할 수 있다.

2. 열정은 개방적이어서 팀워크를 강화하지만 리더의 흥분은 폐쇄적이어서 팀워크를 약화시킨다.

집단과 집단의 경쟁에서 이기려면 우선 자기 집단의 리더와 구성원이 원활하게 소통하고 있어야 한다. 그렇지 않으면 팀워크가 약화된다. 관미성 전투 같은 경우도 백제가 훨씬 유리했다. 고구려의 수군도 유능했지만 해양강국 백제의 수군에 비하면 열세였다. 리더가 흥분하면 유능한 현장의 직원들까지도 허둥대게 된다.

3. 열정은 긍정적인 에너지를 발산하고 흥분은 에너지를 파괴적 방향으로 집중시킨다.

광개토대왕이 아닌 다른 상대를 만났더라면 아신왕도 워낙 용맹한 인물이라 빛을 발할 수 있었다. 이런 개인적 아쉬움은 놓아두고 두 사람만 놓고 볼 때 결정적 차이는 열정과 흥분의 차이였다. 이 또한 어쩌면 충분한 능력이 있는 자신을 압도하는 광개토대왕에 개인적 비교심리가 작용하면서 흥분 상태에 빠졌을 것으로 보인다. 결국 광개토대왕의 열정이 아신왕의 흥분을 이겼다. 흥분의 대가인 '에피메테우스' 아신왕은 '프로메테우스' 광개토대왕 앞에 "영원히 노비가 되겠다"고 조아리고 말았다. 백제 입장에서는 훗날 조선 인조의 삼전도 굴욕에 비견될 수 있는 치욕의 장면이었다.

동북아시아 내륙으로 향하라

광개토대왕과 아신왕이 벌인 여제麗濟전쟁 결과 백제는 비옥한 한강 유역의 땅을 상실했다. 이를 본 신라가 더 고구려에 밀착해 한반도 안에서 백제는 서남해에 웅크리게 되었다.

불과 15년 전만 해도 평양성을 공격하고 고구려 왕을 사살하던 상황이 완전히 역전되었다. 이렇게 백제가 후퇴하면서 적어도 한반도 안에서 신라와 가야, 백제까지 고구려의 천하관이 통하게 되었다.

한반도를 어느 정도 정리한 광개토대왕이 북방 초원지대로 발길을 돌려 자유롭게 활보하기 시작한다. 고구려 기병들이 수백여 유목민 집단을 급습하기 시작했는데, 유목민들은 고구려 기병이 다가오는 기미만 보여도 소, 말, 양 등 물자를 그대로 놓아두고 줄행랑을 쳤다.

고구려도 유목인을 제거하는 것이 목적이 아니어서 물자를 노획하는 데 만족했다. 이 시대에도 중국 북부에는 다섯 형제가 세운 열여섯 부족이 흥망성쇠를 거듭하는 5호16국시대가 계속되었다. 정복군주 광개토대왕이 동북아시아 내륙으로 거침없이 진격하기에 안성맞춤이었다. 398년 숙신을 정복했고 401년 후연이 북위와 싸우고 있을 때 요하를 건너 후연의 숙군성宿軍城과 평주성(북경)을 공략했다.

고국원왕 이후 후연에게 위축되었던 고구려가 광개토대왕의 능력으로 후연을 위축시키고 있었다. 이런 가운데에서도 광개토대왕은 다각도의 외교 전략을 구사한다. 또 다른 모용씨가 산동반도에 세운 남연의 왕 모용초에게 천리마 등을 보내며 선린관계를 맺는다.

고구려는 402년, 404년 등에 걸쳐 요동, 요서, 유주, 만리장성 일대까지 장악했다. 그 후 407년 광개토대왕의 '대요하작전'이 전개된다. 보병과 기병으로 광개토대왕이 앞장선 5만 군대가 요하를 건너 후연의 주요 6성을 차지했다.

이 전쟁 후 후연은 멸망 직전에 이르러 극심한 내부 혼란으로 흔들렸고, 그해 7월 고구려 출신 고운高雲이 풍발馮跋의 도움으로 북연(후연)의 왕이 되는 이변이 일어났다. 고운은 고국원왕 때 침입한 모용황에게 끌려간 왕족 고화高和의 손자인데, 후연의 왕 모용보가 양자로 삼고 이름을 모용운이라 했다.

고운이 추대된 이유 중 하나가 고구려의 명문가 고씨라는 것이다. 그만큼 고구려인들, 특히 왕족 고씨에 대한 선망이 있었다. 당시 광개토대왕의 위명이 북중국까지 떨쳐져 있던 것과도 관련이 깊다. 고운이 북연왕이 되자 광개토대왕이 사신을 보내 같은 종족의 등극을 축하했다.

고운도 사신을 보내 답례했다. 모용씨의 연국과의 기나긴 쟁투에서 고구려가 완전히 승리한 것이다. 중국 북부를 정리하고 여유가 생기자 광개토대왕은 고구려의 속국이었다가 도중에 고구려를 배반하고 공물을 바치지 않는 동부여로 향했다. 이 소식만으로도 놀란 동부여가 제대로 대항해보지도 못하고 항복했다.

광개토대왕이 허구한 날 정복만 하러 다닌 것은 아니다. 매년 큰 폭으로 늘어나는 영토에 맞춰 내부를 정비했다. 장사長史, 사마司馬, 참군參軍의 관직을 신설했는데 이 중 장사는 사관史官의 수장으로 보인다.

광개토대왕은 그만큼 역사를 중시했다. 그가 개척한 영토에서 많은 물자가 유입되며 상업과 해외무역이 활성화되며 백성들이 자기 직업에 충실할 수 있었고 삶은 더 윤택해졌다. 이런 광개토대왕은 불과 39세에 세상을 떠났다. 사인이 과로사로 추정될 만큼 그의 삶은 치열했다.

광개토대왕의
전쟁 원칙

1. 경쟁을 위한 경쟁을 피하고 선의의 경쟁을 한다.

선의의 경쟁이란 경쟁의 시너지 효과가 풍성한 수확으로 나타나는 것이다. 리더들이 제일 피해야 할 경쟁 구도는 자존심 다툼이다. 옛말에 '배고픈 것은 참아도 배 아픈 것은 참지 못한다'고 했는데, 이는 무엇이 중요한지 우선순위를 잃어버린 것이다.

수확을 거둘 수 있는 경쟁, 그 수확이 가시적이든 내공의 축적이든 수확이 있는 경쟁을 해야지, 소모적인 경쟁은 피해야 한다. 광개토대왕이 요동 지역을 확보한 이유가 있다. 고구려의 숙원 사업이기도 했지만 압록강에 이어 요하 동쪽에 이르는 요동의 넓은 평야가 농지로도 적합했고 철과 석탄도 풍부해 농기구와 무기, 땔감 등을 생산해낼 수 있기 때문이었다. 요동평야는 경제적 가치가 엄청난 곳이었다.

2. 승리를 추구하되 결과가 '상처뿐인 영광'이 되지 않도록 한다.

고금의 역사 가운데 국가나 기업 등이 군사나 경제 등 전쟁에서 이기고도 그 후유증으로 사라진 경우가 많다. 그런 승리의 뒤안길에는 "내가 무엇을 위해 그토록 싸워야 했던가"라는 자괴감만 남는다. 광개토대왕의 이미지는 정복군주이지만 실체는 경제군주였다. 어떤 전쟁도 나라를 피폐하게 만든다. 하지만 광개토대왕은 수천 개의 촌락을 공략하면서도 나라가 부강해졌다. 전쟁을 위한 전쟁이 아니라 전쟁을 수단으로 국태민안國泰民安을 달성했던 것이다.

12

금수저
장수왕의
번영 전략

장수왕의 고뇌,
능력을 보여주어야 한다

태어날 때부터 '금수저'였던 리더들은 어떤 리더십을 보여줄까? 정답은 없다. 문자명왕처럼 수세적 경영으로 일관할 수 있고, 장수왕처럼 큰 업적을 남길 수도 있다. 결국 본인이 자신과 세계를 보는 안목과 더불어 어떤 철학을 지녔느냐가 중요하다.

광개토대왕의 맏아들로 태어난 장수왕은 15세에 태자가 되고 19세에 즉위했는데 너무 위대했던 부왕의 업적 때문에 심적 부담이 컸다. 이미 부왕의 치적에 익숙한 백성들의 기대치를 만족시켜야 했고, 부왕과 싸워 패배했던 외부 경쟁자들의 동태도 중요했다. 더구나 부왕이 급사했기 때문에 부왕의 위명에 눌렸던 세력들이 준동할 수도 있었다. 이런 삼중 부담 속에서도 장수왕은 의외로 느긋한 태도를 취했다.

장수왕이 즉위할 즈음 중국 정세가 급변했다. 5호16국 가운데 북위가 주변 세력을 차례로 정복하며 선두를 달리기 시작했다. 이제 고구려는 남쪽의 백제와 북쪽에서 강성대국이 된 북위와 맞서야 했다.

그런데도 장수왕은 조금도 서두르지 않고 해야 할 일을 확실히 진행했다. 즉위 첫해 고익高翼을 동진에 사절로 보내 동맹을 맺고 북위를 견제하고자 했다. 또한 송과 남제에도 사신을 파견했다. 이들 나라와 외교관계를 통해 북위와 백제를 견제하기 위해서였다. 이뿐만이 아니다. 송나라와 북방 초원지대의 유연柔燃을 연결시켜 북위를 포위하는 외교망을 짰다.

신라의 내정에도 깊이 개입해 후환이 되지 못하게 막았는데, 417년 눌지訥祗를 도와 신라의 왕이 되도록 관여했다. 광개토대왕 시절인 392년 신라 내물왕이 고구려에 볼모로 실성왕자를 보냈다. 그가 401년 신라로 귀국해 왕이 된 후 자신을 볼모로 보낸 내물왕의 맏아들 눌지를 죽일 궁리를 한다.

실성왕은 볼모 시절 친하게 지낸 고구려 대신에게 눌지를 보낼 테니 제거해달라는 편지를 보냈다. 그러나 눌지를 만나본 고구려 조정 인사들은 그 풍모와 인품을 좋게 보고 편지 내용을 일러주었다.

그 뒤 눌지가 고구려의 도움으로 정변을 일으켜 실성왕을 죽이고 왕이 되었다. 일설에 따르면, 고구려 병사가 직접 실성왕을 살해했다고도 한다. 아무튼, 장수왕은 자국 이익에 따라 움직이는 국제정치의 냉엄한 논리를 잘 알고 있었기 때문에 신라가 고구려 보호국에서 다른 마음을 품지 못하도록 경계했다.

고구려 최고의 위업을 성공적으로 확장한 장수왕의 방략方略은 다음과 같다.

첫째, 탕평적蕩平的인 지지 세력을 구축했다. 새로운 왕이 들어서면 전 왕의 측근들이 가장 긴장한다. 전 왕과 새 왕이 친밀했고 측근과 가까웠다 해도 마찬가지다. 새 술은 새 부대에 담으려는 경향이 있기 때문이다. 새 왕도 전 왕의 측근을 존중하기는 하지만 자기가 쉽게 부릴 수 있는 신하들로 교체하기를 원한다. 하지만 전 왕의 측근들이 내린

뿌리는 의외로 깊고 또한 새 왕의 옹립 과정에서도 지지하며 도왔던 세력이라 쉽게 내치기 어렵다.

그래서 역성易姓혁명보다 평화로운 왕권 이양 때 지지기반 세력의 교체가 어렵다. 장수왕의 내치와 행정에 대한 자세한 기록은 없지만 즉위 초반에는 부왕의 측근을 포용하면서 자기 세력을 신장시키는 탕평적 지지기반 구축에 힘썼을 것이다. 그 실례로 413년경 집권하고 427년 국내성에서 평양성으로 천도하는데, 그 15여 년간 새로운 지지기반을 구축했다는 뜻이다.

둘째, 비교하는 분위기에 초연했다. 융성한 조직을 승계한 리더는 선왕의 공적과 비교당하는 숙명을 지닌다. 장수왕이 등극할 때 포커스는 장수왕 자체가 아니라 장수왕의 배경인 광개토대왕의 위업이었다. 그 위업을 장수왕이 발전시키느냐, 보전하느냐, 후퇴시키느냐가 최대 관심사였다. 장수왕은 이런 분위기에 초연하며 부왕의 '확장 중심의 번영' 대신 자신만의 브랜드인 '안정과 번영'이라는 통치 방식을 선보이기 시작했다.

장수왕은 부왕의 위업을 성공적으로 정착시키며 확장했다. 집권 후 평양 천도까지 15년간 부왕의 오래된 측근들을 소외시키지 않으면서 신진 세력을 길렀다. 그러면서 선왕의 정책인 '확장 중심의 번영' 대신 '안정과 번영'이라는 자신만의 정책으로 통치해갔다.

평양 천도
– 확장 속 번영에서 안정 속 번영으로

장수왕은 즉위 15년 만인 427년 400년 도읍지 국내성을 떠나 평양으로 천도했다. 장수왕이 의도했건 의도하지 않았건, 고구려의 중심지가 만주 벌판에서 한반도로 이동하는 순간이었다.

광개토대왕은 20~30대 청춘을 바쳐 국내성을 중심으로 서쪽 후연, 동쪽 동부여, 북쪽 거란과 숙신, 남으로 백제를 종횡무진으로 정벌했다. 건국할 때부터 고구려의 주요 대외정책이 정복 사업이었다. 도읍지도 험한 산과 물 깊은 장소를 골랐고 도성을 쌓을 때 평지의 나성羅城과 배후의 산성을 함께 건설했다.

고구려의 존립 기반이 정복 사업이었기 때문에 항시 전쟁을 염두에 두어야 했고, 이런 상무적 경향으로 집집마다 약탈 창고인 부경桴京이 있었다.

『삼국지』「위지동이전」에도 고구려의 형편을 "좋은 밭이 없어 힘써 농사를 짓지만 열매가 부족해 늘 배고프다無良田 雖力佃作 不足以實口腹"라고 했듯이 노획하지 않고는 살아갈 수가 없었다.

그래서 광개토대왕도 대동강 유역에 기름지고 넓은 평야가 있는 평양에 9개의 절도 짓고 6개의 성을 쌓았으며 길도 닦는 등 공을 들였다. 사실 북벌은 광개토대왕이 국내성을 중심으로 어느 정도 마무리했다. 더 정복하려면 요서 쪽으로 수도를 옮겨야 했을 것이다.

따라서 장수왕 입장에서 북벌은 부왕의 치세로 충분했고 아직 미진한 남쪽의 백제, 신라, 가야를 정벌해야 했다. 특히 백제는 해양강국인지라 수군을 동원해 공격할 수 있어야 했다. 장수왕은 그런 요건을 갖춘 최적지를 평양으로 보았다. 당시 급변하는 국제 정세도 장수왕의 평양 천도를 부추겼다.

선비족인 북위가 중국 화북 지역을 장악했고, 양자강 하류의 강남에는 한족이 송나라를 건국했다. 이른바 남북이 분단된 남북조시대다. 백제는 여전히 고구려를 노리고 있고, 가야와 일본도 우호적이지 않았으며 신라까지 고구려를 벗어날 기미를 보였다. 평양에 도읍을 정한다면 황해를 장악하고 대륙과 해양으로 이어지는 해양력을 행사할 수 있게 된다. 이것이 국내성이 갖지 못한 평양성만의 매력이었다.

하지만 지배층이 웅거해온 도성을 옮기는 일은 결코 쉽지 않다. 장수왕도 극렬한 반대에 부딪혔다. 백제 개로왕蓋鹵王이 위나라에 보낸 국서에 이렇게 적혀 있다.

> 지금 연璉(장수왕의 이름)이 죄를 지어 나라를 어육으로 만들고 유력한 귀족들을 쉬지 않고 죽이고 있다 今璉有罪 國自魚肉 大臣强族 戮殺無已.

장수왕이 평양 천도를 반대하는 세력을 무자비하게 숙청했다는 뜻이다. 장수왕이 평양으로 천도하며 마련한 궁터만 39만 제곱미터가 넘는다. 새로운 수도 평양에도 고구려 특유의 축성 체계인 평지성과 산성을 쌓았다.

평양 천도 후 중국도 5호16국시대가 끝나고 송과 북위의 남북왕조와 몽골고원에 등장한 유연柔然의 3대 강국이 포진했다. 세 나라가 서로 견제하고 다투면서도, 한반도 허리로 쭉 내려간 고구려와는 비교적 우호적 관계를 유지했다. 그런데 변수가 생겼다. 북위가 북중국을 석권하더니 432년부터 동쪽의 북연을 압박하기 시작했다.

고구려와 북위 사이의 완충지대 역할을 하던 북연의 왕 풍홍馮弘이 435년 고구려에 밀사 상서尙書, 양이陽伊를 보내 구원병을 요구하며 유사시에 망명을 요청했다.

고구려 입장에서는 북연이 우호국이었고, 또한 북연이 버텨주어야만 북위를 견제할 수 있었다. 그렇지 않아도 평양성 천도 이후 국내성에 있을 때보다 서부전선에 혼돈이 빈발할 것 같아 촉각을 곤두세우고 있었다. 그래서 북위가 북연에 대대적인 공격을 가하자 장수 갈로맹광葛盧孟光과 수만 군사를 파병했다.

북위 부대와 고구려 군사가 436년에 북연의 수도 화룡성和龍城(조양) 앞에서 만났다. 일촉즉발의 순간이었다. 웬일인지 북연에서 성문을 활짝 열었다. 북위는 의심이 일어 들어가지 못하고 있는데, 이미 풍홍의 밀서를 받은 고구려 군대가 서슴없이 성을 장악했다.

고구려군은 궁정 안의 보물과 물자를 수레에 모두 실었다. 곧 성에 불을 질렀으며 풍홍과 백성들을 앞세우고 군인들이 호위하며 성 밖으로 나갔다. 고구려군이 수십 리에 걸친 대열을 둘러싼 채 행렬하는데도 북위군은 그저 바라만 보고 있었다.

이들은 고구려와의 전면전을 두려워했던 것이다. 광개토대왕 때부터 고구려군의 위세에 눌려 있었고, 또한 고구려는 북진을 노리는 송과 남진을 노리는 유연과도 동맹을 맺고 있었다.

장수왕의 강온 전략, 즉 외교와 군사 행동을 통한 전략에 북중국의 신흥강국 북위는 손을 놓고 있었다. 장수왕은 풍홍과 북연의 백성을 요동의 척박한 땅에 거주하도록 안치했다.

그런데 포로 신세인 풍홍이 아직도 황제인 양 착각해 허세를 부렸다. 이에 장수왕이 풍홍의 아들 풍왕인馮王仁을 볼모로 잡아오고 풍홍을 일반 백성처럼 취급했다. 분개한 풍홍은 수천 리 바다 건너 송나라에 밀서를 보내 망명을 요청했다. 요동과 요서에 전진기지를 설치할 절호의 기회가 왔다고 본 송나라는 왕백구王白駒를 장수왕에게 보내 풍홍을 보내달라고 요구했다.

장수왕은 이를 일언지하에 거절했고 도리어 손수孫漱와 고구高仇를 파견해 풍홍과 그의 자손을 모조리 죽였다. 얼마 후 왕백구가 7,000여 명의 송나라 군사를 태운 함대를 이끌고 요동만으로 상륙해 고구려군을 급습했다. 방심했다가 당한 고구려의 고구가 전사하고 손수도 사로잡혔으나 곧바로 반격해 송군을 격파하고 왕백구를 사로잡았다. 하지만 죽이지 않고 송나라로 돌려보냈다.

고구려는 사상 처음으로 양자강 이남의 송나라 군대와 싸워서 대승을 거두기는 했지만 송나라의 위치상 더 부딪칠 일이 없을 것이라고 보고 왕백구 등 포로를 석방했다. 이는 백제와 송나라가 더 친밀해지는 것을 막고 북위와 필연적으로 경쟁하는 송나라와 교류할 여지를 두기 위해서였다. 436년 화룡성의 맞대결, 438년 송나라와의 전쟁으로 장수왕은 부왕에 버금가는 왕으로 동북아 정치 무대에 각인되었다.

장수왕의 평양 천도 배경에는 위에 언급한 정책적 배경도 컸겠지만 내면적으로 부왕의 그늘에서 벗어나려는 몸부림도 컸을 것이다. 광개토대왕의 아들이기 때문에 대제국을 경영한 것이 아니라 장수왕이기 때문에 더 강성한 고구려를 만드는 왕이 되고자 했다. 광개토대왕 때까지 만주가 고구려의 상징이었다면 장수왕 이후로는 평양이 고구려의 상징으로 변했다.

그렇다면, 확장과 번영 대신 안정과 번영을 택한 장수왕은 어떻게 평가해야 할까? 최상의 전략이란 단기, 중기, 장기에 걸쳐 모두 효과적인 것이다, 중급 전략은 중장기에 효과적인 것이며, 최하 전략이 단기적으로만 반짝 빛나고 마는 것이다.

장수왕의 평양 천도는 단기, 중기에 빛을 발한 중급 정도의 정책이었다. 눈앞의 이익에 급급한 최하책은 아니었고 상당한 기간 동안 고구려의 융성을 지속하는 데 도움이 되었다. 장수왕도 평양 천도가 야기할 중국과 북방민족과의 역학관계를 고심했다.

그래서 평양 천도 후에 삼경제三京制를 두어 평양 이외에도 국내성과 한성漢城(재령)을 별경別京으로 삼았다. 또한 순라군巡邏軍을 두어 변방을 순시하게도 했다. 그런데 차츰 서역 정벌 의지가 희박해졌다. 그렇게 200년이 흐른 660년 삼국통일전쟁을 기점으로 만주 지역을 상실하게 되었다.

'확장과 번영' 대신 '안정과 번영'을 택한 장수왕의 평양 천도는 당시로서는 신의 한 수였다. 집권 15년차까지 측근 세력을 굳힌 뒤 천도를 반대하는 국내성의 뿌리 깊은 세도가들을 제거했다. 이때부터 고구려 내에서 절대다수를 차지하던 서진 세력 대신 남진 세력이 힘을 얻게 되었다.

　장수왕의 평양 천도는 전쟁에 물든 당시 고구려를 평화 기조로 만
들려는 장수왕에게 신의 한 수였다. 그러나 정복이 생명인 고대 왕국
에서 광활한 만주 벌판을 떠났다는 것 자체가 장기적으로는 악수였다.

존립 목적과 입지 조건은
일치해야 한다

평양 천도 이후 고구려가 중국 쪽에 보내고 싶은 메시지가 있었다. 도성이 국내성에 있던 때와 조금도 다를 것 없이 대중국 정책을 펴고 있다는 것이다. 중국이 혹 고구려가 앞으로 남방 경략만 중시하고 서방 경영을 포기한다고 오판하지 못하도록 노력했다.

이것의 결정판이 북위의 기세를 누른 화룡성의 진입이었고, 이를 기회 삼아 요동에 진출하려던 송나라를 꺾은 것이었다. 이후 고구려는 친송 외교에 공을 들였다. 북위를 정벌해야 한다며 송나라가 군마軍馬를 요구하자 800필을 보내준다. 장수왕은 전략적 가치를 고조시키는 천재였다. 고구려가 송나라와 친밀할수록 북위에 고구려의 몸값이 상승한다.

북위를 노리는 송나라를 고구려가 고무해주자 북위는 고구려를 침략하는 대신 다독이고 무마시키려고 노력한다. 그 일환으로 466년에 북위의 문명태후가 아들 현조顯祖의 육궁六宮이 아직 비었다며 장수왕의 딸을 보내달라고 했다. 양국 간에 정략결혼을 하자는 것인데 이를 핑계로 수시로 고구려를 들락거리며 지형지물과 내정을 염탐하겠다는 의도도 있었다. 예전에도 북위가 후연과 정략결혼을 해놓고 이를 빌미로 수시로 신하를 보내 그 나라 사정을 살핀 후 침략했던 것이다.

이를 간파한 장수왕이 북위와 전쟁하는 한이 있을망정 양국 왕실의 혼인만은 완강히 거절했다. 이처럼 대중국 관계에서 전략적 가치를 높인 장수왕이 본격적으로 남진정책을 추진한다. 광개토대왕이 남방을 정리하고 서방으로 향했던 것과 정반대 행보를 취한 것이다. 이는 곧 백제뿐 아니라 신라에도 위협이 되었다.

백제와 신라는 고구려의 평양 천도 6년째인 433년 나제동맹을 맺는다. 신라가 고구려에 적대적 입장으로 선회하자 고구려는 454년부터 간헐적으로 신라를 공략한다. 하지만 그때까지도 동쪽 신라보다 서남해를 누비는 백제가 훨씬 강했고 전략적 가치도 컸다. 백제를 침공할 기회를 노리고 있을 때 백제도 개로왕이 앞장서서 고구려와의 일전을 준비하면서 472년 북위에 사신을 보내 고구려를 공격하라고 요청한다. 위아래로 함께 고구려를 공략하자는 것이다.

북위에서 이 정보를 입수한 장수왕은 승려 도림道琳을 백제에 밀파해 개로왕을 혼란에 빠뜨렸다. 이처럼 사전작업을 마치고 475년 9월, 3만 대군으로 한성을 공격한다. 하지만 굳게 닫힌 한성위에서 백제군이 선방한다.

7일째 되던 날 장수왕이 잠시 공격을 멈추고 전략을 변경한다. 군대를 넷으로 나누어 하방에서 공격하고 어느 쪽에서든 성을 향해 바람이 불기만 하면 즉각 화공법을 준비하되 날쌘 기병으로 풍향의 역방향에 있는 고구려 부대를 피신시키며 화공을 시작한다는 것이다.

그 전략대로 한성이 불바다가 되었다. 이로써 기원전 18년부터 백제는 한성을 떠나 웅진으로 천도한다. 백제의 500년 도읍지 한성과 한강 유역을 장악하고 금강 유역까지 진출하게 된다. 481년에는 신라의 호명성(청송) 등 7개 성을 빼앗았다.

그 후 신라의 수도 금성(경주)에서 그리 멀지 않은 미질부彌秩夫(포항시 흥해읍)까지 남진했다. 말년이 이르러 장수왕은 정복 전쟁을 줄이고 외교와 내치에 더 힘을 썼다. 장수왕은 전략적 가치를 고조시키는 천재이기는 했지만 조직 목적과 부합하는 전략적 위치에 대한 백년대계 식의 고뇌는 미흡했다. 여하튼 그의 통치 78년간은 태평성대였다.

장수왕은 전쟁을 최소화하고 문화의 융성을 꾀했다. 광개토대왕 때는 전쟁이 끊이지 않았다. 물론 광개토대왕이 불패의 신화를 자랑하며 전쟁 도중 국력이 상승하는 기현상까지 벌어졌다. 그렇지만 아무리 승리만 한다 해도 아군에 희생자가 있기 마련이다. 또한 광개토대왕 같은 경우는 특이한 케이스였다.

그래서 장수왕은 전쟁 없는 융성을 택했다. 북방과 서방의 중원, 몽골고원의 유목민과도 평화를 유지하며 그 기조가 여수전쟁이 발발할 때까지 200년가량 이어진다. 백성들이 북방과 서방에서 벌어지던 큰 전쟁에 나가지 않게 되자 생업에 전념하며 문화가 발전한다. 그 대신 평양성 천도 이후 장수왕이 신라와 백제에 정략적으로 집중하면서 한 민족의 민족적 동질성도 깊어졌다. 하지만 고구려의 역동성은 하락했다. 대개의 경우 경쟁과 역동성은 반비례한다.

이런 평화 기조가 이후에도 2세기가량 유지되면서 고구려의 기강과 역동성은 차츰 하강한다. 만일 장수왕이 도성을 국내성에 그대로 둔 채 '안정'과 '번영'을 추구했더라면 태성성대를 구가하며 동시에 광활한 대륙을 공략할 여지도 더 많았을 것이다. 그래야만 조직의 존립 목적과 입지 조건이 맞아 떨어지기 때문이다.

또한 장수왕은 파워를 바탕으로 힘 있는 외교를 펼쳤다. 고구려가 북중국의 강국들과 맞서기보다 평화정책을 고수하면서 고구려의 역동성이 줄어들기는 했지만 워낙 강국이라서 그 잠재력은 여전했다.

장수왕이 평양으로 내려간 후 북방민족을 견제하고 중원 세력을 압박하는데 예전보다 미온적일 수밖에 없었다. 물론 평양 천도 이후에도 고구려가 멸망할 때까지 시라무룬허西拉木伦河 유역과 요하 서북쪽 대릉하大凌河의 유목부족에 대한 지배력은 견고했다.

특히 거란은 고구려와 동일시될 만큼 확고하게 통제되고 있었다. 이런 파워를 바탕으로 북위, 북주, 동위, 송나라 등 수많은 나라와 통교했다. 그러나 장수왕이 워낙 친교 정책을 중시하다보니 옥에 티도 생겼다.

조공이 무역의 한 형태였던 시절이라 광개토대왕 시기에 사절이 조공 무역을 하기 위해 연나라를 찾은 적이 있었다. 그런데 연나라 황실에서 보기에 고구려 사절이 교만하게 보였던 모양이다.

이를 빌미로 연나라 모용성이 직접 고구려를 침략한다. 그 몇 년 후 광개토대왕이 연나라의 근거지를 쑥대밭으로 만들었다. 그 후 중국 쪽에 어떤 조공도 보내지 않았는데 장수왕 때는 매년 북위에 조공을 보낸다. 북위의 비위를 거슬러 전쟁하는 것은 불필요하다고 본 것이다.

오늘날 장수왕은 일부에서 '조공 왕'이라는 비난을 받기도 한다. 그것은 충분한 국력을 지니고 있으면서도 고구려의 비전인 서정西庭을 추구하지 않았기 때문이다. 고구려의 존립 목적에 부합하는 도성은 평양이 아니라 국내성이었다. 고구려의 발상지인 만주를 떠나 남부로 천도할 때부터 이미 서북방의 변경은 그대로 두고 상대하기 쉬운 백제와 신라만 도모하고자 했을 것이다.

그래서 장수왕은 천도 반대 세력을 무자비하게 도륙했다. 분명히 고구려의 존립 목적과 평양성은 그다지 어울리는 조합이 아니다. '장사는 목'이라는 금언이 있듯이 조직의 입지는 그 존재 이유와 어울리는 곳에 있어야 한다.

장수왕은 98세가 되던 491년에 유명을 달리했다. 장수왕의 부음을 들은 북위에서 특별한 애도를 표해 이민족에게 수여하는 '강康'이라는 최고의 시호를 보내왔다. 그의 재위 80여 년은 백제와의 한성전쟁이 큰 전쟁으로 꼽힐 만큼 국력을 기울인 대전쟁은 없었고 태평성대를 누렸다.

13

전략의 지존,
연개소문의
리더십

청년 연개소문,
혹독한 '현장 중심 리더십'을 기르다

    연개소문에 대한 평가는 역사를 어느 입장에서 보느냐에 따라 달라진다. 왕 중심 사관으로 보면 하극상을 야기한 역신逆臣이다. 그러나 조직의 기본 정신에 충실해야 하는 입장에서 보면 연개소문은 만고의 영웅이다. 장수왕 이래 150년 넘게 굳어진 서수남진정책을 뒤집어 본디 고구려의 이상인 남수서진정책을 다시 실현하고자 했기 때문이다.

    연개소문의 서진 열망은 고구려의 존립과 연결되어 있었다. 당시 당나라의 군주는 중국인들에게 진시황, 한 무제와 더불어 가장 위대한 황제로 인정받는 당 태종이었다.

    당 태종은 능력이 출중했던 것은 물론이고 현명하기도 해서 청나라 강희제와 함께 명군名君으로 꼽힌다. 실제로 '정관의 치'를 실현했으며 주변국들을 정복해 역대 왕조 중 가장 광대한 영토를 확보한 현군賢君이었다. 물론 중국 입장에서 말이다. 그 이후의 왕들과 현재 시진핑까지 '대당성세'를 구호로 삼을 정도다.

    당 태종의 열망은 천하를 통일해 진정한 중화주의를 성취하겠다는 것이었다. 더구나 선왕조인 수나라가 고구려에게 당한 치욕을 뼈아프게 기억하고 있었다. 따라서 설령 고구려가 남진서수 입장만 내세운다 해도 그냥 놓아둘 리가 없었다.

　당 태종은 고구려를 완전한 속국으로 짓밟든가 정복하든가, 둘 중 하나를 실현하려는 야망을 품고 있었다. 만일 연개소문 같은 리더가 없었다면 고구려는 물론 신라까지 위험할 수 있는 상황이었다. 연개소문이 버텨주면서 당나라가 신라의 통일 전쟁을 도와줘야 할 정세가 형성된 것이다.

　이는 왕안석도 인정하고 있다. 북송北宋 6대 황제 신종神宗이 "옛날 당 태종은 왜 고구려를 이기지 못했는가?"라고 묻자 왕안석이 한마디로 정리했다.

연개소문과 설인귀의 전투. 연개소문이 설인귀의 활을 피하며 칼을 겨누고 있다. 동시에 그의 칼 네 자루가 당 태종 이세민을 향해 날아가고 있다.

　"연개소문이 워낙 비상했기 때문입니다蓋蘇文非常人也."

　중국인들이 가장 존경하는 당 태종 이세민이 두려워한 유일한 인물이 연개소문이었다. 그의 연개소문 공포증을 보여주는 일화가 양자강 강소성의 보호문물인 몽롱탑朦朧塔에 담겨 있다.

　이 탑은 당나라 유물로, 우물 위에 몽롱탑이 서 있다. 중국 전설에 의하면 연개소문이 중원을 공격해 당 태종을 쫓아가자 당 태종이 다급하게 이 우물 속으로 숨었다. 연개소문이 두리번거리며 당 태종을 찾다가 우물 입구에 거미줄이 쳐져 있어서 속을 들여다보지 않고 지나갔다.

자신을 찾는 연개소문의 발자국소리에 당 태종이 몽롱한 정신 상태로 이 우물 속에서 숨 죽이고 있었다. 이런 전설이 중국인 사이에 전승되어왔다.

실제로 고구려가 당나라와 전쟁할 때 수군으로 이 후방 지역을 급습했을 가능성은 있다. 그래서인지 당 태종을 진룡천자眞龍天子라고 부르기도 한다. 당 태종이 연개소문에 쫓겨 다닌 전설은 특히 산동성과 강소성에 많이 남아 있다.

단재 신채호의 『조선상고사』에 의하면 당 태종과 연개소문이 적장의 수장으로 전쟁터에서 만나기 전에 청년 연개소문이 이세민과 만난 적이 있다. 이는 신채호가 당나라 현종 때의 대문장가 장렬張說이 지은 『규염객전叫髥客傳』과 우리 고전소설 『갓쉰동전』을 참조해 언급한 내용이다.

50세가 되어서야 연개소문을 낳은 아버지가 너무 기뻐 연개소문을 '갓쉰동'이라는 애칭으로 불렀다. 연개소문이 청년 시절 중국에 염탐하러 갔다가 이세민 집안의 가노로 변장해 들어갔다. 이세민이 연개소문의 호방한 기품과 용모를 보고 감옥에 가두었다. 다행히 한 여인의 도움을 받아 고구려로 귀국했다.

연개소문의 집안은 대대로 고위관료를 지낸 명문가였다. 그의 조부 연자유淵子遊와 아버지 연태조淵太祚도 막리지莫離支를 지냈다. 강화도 『강도지江都誌』에 의하면, 연개소문이 태어난 고려산에 구기舊基(집터)

가 있고 주변에 5정井이 있었다. 이 5개의 우물가에서 말에게 물을 먹이고 무술을 연마했다고 한다.

오랜 후 몽골 사신이 지맥地脈을 억제하기 위해 우물에 쇠말뚝을 박았다. 연태조가 죽으면서 아들에게 막리지를 세습하려는데 부족장들이 반대했다. 연개소문이 거칠고 포악하다는 이유였다.

연개소문이 부족장들에게 허리를 굽혀 환심을 사고 막리지의 자리에 올랐다. 당시는 영류왕 시대였는데 영류왕이 즉위할 때 중국에는 수나라가 망하고 당나라가 건국되었다.

연개소문의 청년 시절은 미래 리더로서 혹독한 자기수련으로 점철되어 있다. 중국과 숙명적으로 대결해야 하는 고구려의 장차 리더로서 중국 내부의 정보를 깊이 아는 것보다 중요한 일은 없었다.

그래서 자기 발로 중국 권력가의 집으로 가서 혹독한 노비 생활을 했다. 이런 지옥 같은 현장 경험을 통해 현장 중심의 판단력을 길렀다. 고구려가 당나라에 저자세로 나간다 해도 당나라가 결국 고구려를 정복하러 오리라고 보았다. 대막리지가 된 후에 연개소문이 세운 탁월한 대중국 전략은 냉엄한 현실 파악 위에서 실행되었다.

청년 연개소문,
어떻게 리더십을 키웠나

1. 자신이 걸어가야 할 길을 알았다.

고구려는 세습사회며 5부족 연맹체 사회였다. 연개소문은 연나부 출신인 데다가 국사國事를 총괄하는 막리지 집안의 후손이라 막리지 승계 가능성이 높았다.

권력의 대물림이 확정된 사람은 나태하기 쉽고 주변의 간교한 자들의 아첨 속에 과시하며 지내기 쉽다. 그러나 청년 연개소문은 이런 유혹을 박차고 스스로 막리지 승계를 준비하면서 혹독한 길을 택했다.

2. 현장 중심의 지도력을 길렀다.

중국과의 대결이 숙명인 고구려의 막리지가 우선 알아야 할 일은 중국의 깊은 사정이었다. 연개소문 정도의 배경이면 중국의 사정을 외교가의 정보나 문서 등으로도 알 수 있겠지만 연개소문은 그보다 생생한 정보를 몸으로 익히고 싶었다.

그래서 자발적으로 노비가 되어 당시 중국의 떠오르는 권력 가문의 집으로 들어갔다. 목숨을 건 생생한 현장 학습이었다. 귀족 자제로서 결코 쉽지 않은 일이다. 귀족 자제로 호사만 누리던 연개소문 같은 사람이 적국에 들어가 노비 생활을 한다는 것은 지옥 같은 경험이다.

그러나 연개소문처럼 자발적인 절체절명의 각오로 혼신의 힘을 기울인 학습 경험은 평생 지워지지 않는다. 연개소문은 스스로 준비하는 리더였다.

3. 편집되지 않는 고객 리서치를 했다.

비즈니스에서 사실 수집을 하는 여러 방법이 있지만 제일 핵심은 고객 리서치다. 고객을 직접 만나 듣고 이야기를 나누고 느껴본 후에 전략을 수립해야 한다. 아니면 아무리 웅대한 전략도 주먹구구식이 된다. 고객 리서치 때 사전에 경영진의 구미에 맞추지 않도록 해야 한다. 미리 정해진 방향을 도출하기 위해 연출된 고객 리서치는 현장의 시사점을 발견해낼 수가 없다. 편집되지 않는 고객 리서치를 해야만 현장에 부합하는 전략을 세울 수 있다.

4. 사실 수집과 전략적 구상을 연결했다.

청년 연개소문이 생사를 걸고 현장 리서치를 한 결과 얻은 결론은 '고구려가 아무리 당나라에게 조공을 보내며 공을 들이고 저자세로 나간다 해도 당나라와의 우호 관계는 한시적'이라는 것이다. 건국 초기였던 당나라가 민심을 수습할 시간을 벌기 위해 고구려를 다독이고 있을 뿐이었다. 수나라가 당한 수치를 잊지 않고 있던 당나라의 진짜 속셈은 고구려 복속이었다. 연개소문은 당나라의 속셈을 정확히 간파했다.

"지금 그들은 도광양회韜光養晦와 구밀복검口蜜腹劍의 전략을 사용하고 있다."

리스크 관리 세력과
열병식

당나라를 건국한 고조高祖 이연李淵의 가장 큰 고민은 무엇이었을까? 만일 고구려가 당나라를 침략한다면 최악의 상황으로 치달을 형편이었다. 우선 고수전쟁 때 엄청난 병력과 물자가 손실된 데다가, 중국인들 뇌리에는 고구려에 대한 트라우마까지 형성되어 있었다.

고구려 원정에 징발된다는 꿈만 꾸어도 공황 발작이 일 정도였다. 중국인들은 고구려로 출전했다 하면 살아서 돌아올 수 없다고 인식하고 있었던 것이다. 체제 정비도 덜 끝난 신생 당나라에 고구려가 쳐들어온다는 것은 최악의 시나리오였다.

살수대첩이 일어난 612년부터 당나라가 건국된 618년까지, 또한 그 이후에도 중원은 그야말로 혼돈의 도가니였다. 각지에서 반란이 끊이지 않았고, 북중국의 종족들이 다시 중국을 침략했다.

돌궐, 설연타, 고막해 등이 약속이나 한 듯 일제히 중원을 공략했다. 당나라 초기에는 이들을 막아내기에 여념이 없었다. 당연히 고구려에서도 이 기회에 중원을 공략하자는 세력이 있었다. 을지문덕 등이 강력하게 주장했으나 거절당하자 젊은 장수들의 분노가 극에 달했다. 이들은 조의선인皂衣先人들로서, 전쟁 때마다 목숨을 걸고 앞장서서 중국과 싸웠다.

당이 건국된 이후, 또 한 번의 중원 침략 기회가 찾아왔다. 626년 이 세민이 정변을 일으킨 것이다. 그는 선왕을 감금하고 형제를 주살해 양위 형식으로 왕이 되었다. 이 소식에 알려지자 주변국들이 다시 중 원을 침탈했다.

전통적으로 중국은 중원이 분열될 때마다 사방에서 공격을 받았고 중원이 통일되면 주변국을 공격했다. 중원의 통일이야말로 고구려에 제일 위협적인 상황인 것이다. 따라서 연개소문과 북진파들은 꾸준히 영류왕에게 중원 공격을 건의했다.

"고구려와 당나라는 결코 양립할 수 없는 나라입니다."

그러나 영류왕과 남진파들이 북진파를 억누르며 양측의 갈등이 나 날이 깊어졌다. 그런데도 영류왕은 매년 당나라에 조공까지 바치며 대 당 유화정책을 고집하며 신라를 공격하는 등 남진정책을 고집했다. 이 런 상황이 되자 당나라는 느긋하게 신라와 백제에 서로 다투지 말라 권하고 고구려에는 양국간 평화 조성을 위해 수나라 패잔병들의 해골 이 묻혀 있는 고구려의 경관을 헐라고 충고했다.

그런데도 영류왕은 남진정책을 고수하며 혹시 모를 당나라 침략에 대비한다며 천리장성 공사를 631년부터 16년간 벌인다. 이 장성 쌓기 에 동원된 백성의 노역이 전쟁 치르는 것보다 컸다. 농사나 길쌈, 광공 업, 무역 등 민생 활동이 상당 부분 중단되어 고구려의 국력이 현저히 약해졌다. 고구려 조정이 주전파를 억누르고 있는 동안 당나라의 이세 민은 고구려 정복을 위한 사전 작업을 진행했다. 고구려와 친했던 거 란 등 유목 부족들에 지배력을 늘려갔다.

병사의 수박희

　특히 수시로 중국을 침략하던 돌궐을 정복했다. 수나라가 건국된 후 돌궐이 동과 서로 분열되면서 고구려와 긴밀한 관계를 유지했다. 이런 돌궐을 놓아두고 당나라가 고구려 정복에 나서기는 어려웠다. 이때 나온 전략이 중국이 잘 구사하는 이이제이以夷制夷 전략이다.

　당 태종은 서동궐과 동돌궐의 갈등을 이용했다. 먼저 서돌궐을 지원하면서 630년 동돌궐을 무너뜨리고 651년 서돌궐마저 정복했다. 그런 와중에도 635년 티베트고원의 토욕혼, 640년 서역의 고창국까지 멸망시켰다. 고구려와의 대결 이전에 후방을 교란할 가능성이 있는 세력들을 미리 제거한 것이다. 이처럼 고구려와의 전쟁 준비를 마무리할 즈음인 641년에 진대덕이 고구려에 사신으로 와서 내정을 소상히 살피고 지도까지 가져갔다.

　동동궐의 멸망은 북방에서 고구려 이외에 당나라와 맞설 나라가 사라졌다는 뜻이었다. 이제 고구려만 남았다. 그동안 고구려의 친위국들로서 원군 역할까지 하던 북방 부족들이 당의 지배 아래 들어가 고구려의 적이 되었다.

연개소문을 비롯한 조의선인들은 이렇게 되도록 상황을 방치한 영류왕에 분노했다. 이들을 겁낸 왕이 최전방인 천리장성 현장으로 연개소문과 그 일파를 내보냈다. 친당파 세력은 이에 만족하지 않고 연개소문을 아예 제거할 음모를 꾸민다. 이 기밀을 들은 연개소문은 악독하거나 무능한 왕을 죽이거나 교체하는 고구려의 전통을 따르기로 결심했다.

연개소문은 642년에 평양성 남쪽에서 열병식과 주연을 거행한다며 왕과 대신들을 초대했다. 그리고 부하들에게 신호를 보내 무려 180명을 베어내고 구덩이에 던졌다. 곧바로 왕의 조카인 보장왕寶藏王을 허수아비 왕으로 옹립하고 스스로 대막리지大莫離支가 되어 병권 등 모두 권한을 한 손에 움켜쥐었다.

연개소문의 쿠데타 소식에 나라 안은 물론 주변국 모두가 놀랐다. 마침 신라의 대야주 40여 성을 공략한 백제 의자왕義慈王도 놀라면서 상좌평 성충成忠에게 물었다.

"연개소문이 왕을 죽였는데도 고구려인 중 그 죄를 묻는 사람이 없는 이유가 무엇인가?"

"수백 년 동안 중국과 싸워온 고구려가 영양왕 때 수나라 100만 대군을 수차례 물리쳐 백성의 기가 하늘을 찔렀습니다. 그런데 영류왕이 대당 화친을 주장해 백성들의 노여움을 샀는데 연개소문이 당나라 정벌을 주장해 백성들의 찬양을 받고 있는 것입니다."

그리고 성충이 다음 말을 덧붙였다.

"당나라의 땅과 인민이 고구려보다 아무리 많더라도 연개소문이 있는 한 고구려가 승리합니다. 연개소문의 지략이 당 태종보다 훨씬 뛰어납니다."

이런 평가를 받았기 때문에 연개소문의 전면 등장에 제일 경악한 사람이 당 태종이었다. 당나라에게 굴욕적 외교로 일관하는 영류왕을 보고 연개소문이 은밀히 왕을 중심으로 전개되는 조직적인 리스크 상황에 대응할 세력을 형성했다. 그리고 왕과 주변 세력이 좋아하는 모양새 나는 열병식을 열고 혁명을 일으켰다.

이를 통해 외교 측면의 구조적 모순을 일거에 정리하고 보장왕을 허수아비로 내세웠다. 백성들도 고구려의 자존심을 뭉갠 영류왕의 하야 소식에 기뻐했다.

경쟁 상대의 전략을
정확히 분석한
연개소문의 대응책

1. 리스크 관리 세력을 강화했다.

연개소문이 막리지에 올라 국사에 참여할 즈음 영류왕은 당나라와
의 충돌은 어떤 경우에도 막고자 했다. 매년 당나라에 사신을 보내고
젊은이들을 선진문물을 배워야 한다며 유학을 보냈다. 당나라는 이런
저자세 외교를 "가상히 여긴다"면서도 은밀히 고구려 관리들에게까지
뇌물을 주며 첩자 노릇을 시켰다.

계속 그렇게 하다가는 나라를 통째로 당나라에 바칠 상황이었다. 이
처럼 최고 리더를 중심으로 전개되는 조직적인 리스크 상황을 극복하
려면 견제할 만한 세력 형성이 필요하다.

2. 구성원들에게 사심이 없다고 존경받으며 살신성인했다.

견제 세력은 을지문덕 등의 조의선인이었다. 물론 한참 선배인 을지
문덕을 연개소문이 직접 만났다는 기록은 없다. 당시 을지문덕을 중심
으로 한 조의선인들에 대한 고구려인의 경외심이 깊었다. 이들도 영류
왕의 대당 화해정책을 반대하고 있어서 자연스럽게 연개소문 중심으
로 견제 세력이 형성되었다.

3. 구조적인 재편성 리더십을 발휘했다.

　당시 고구려가 직면한 위기는 정치권의 구조에서 나왔다. 백성도 아니고, 국제정세도 아니었다. 오히려 왕조 교체로 어수선한 분위기의 당나라를 공격하기에 절호의 찬스였다. 그런데도 정체와 방어의 상징인 천리장성 축조에만 매달리며 연개소문 등 조의선인들을 축성 현장으로 내몰았다.

　영류왕 중심으로 훗날은 어떻게 되든 지금 이대로가 좋다는 세력이 있는 한, 구조에서 발생하는 위기를 정리할 수가 없었다. 구조적 위기는 항시 강력한 카리스마형 지도자를 요청한다. 고구려인들은 당나라와 영류왕에 맞서 당당하게 "No!"라고 외칠 세력을 갈구했다. 최고위층에서 비롯된 모순된 구조를 재편하려면 쿠데타밖에 없었다.

4. 자신이 해야 할 일을 수행할 수 있는 자리를 만들었다.

　대당 강경노선으로 전환하는 순간 고구려는 초긴장 상태에 돌입했다. 이런 위기상황을 돌파하려면 강력한 지도력이 필요했다. 역할에 맞은 직급 신설이 필요했다. 그것이 연개소문이 신설한 대막리지였다. 일종의 총통제로 평생직이었으며 호칭도 '전하'였다. 왕에 대한 불신이 깊었던 연개소문은 영류왕을 제거하고 자신의 허수아비로 보장왕을 세웠다. 이런 일은 평소라면 백해무익하다. 하지만 강고한 구조적 모순의 혁파만이 유일한 해답이었던 비상시국이었으므로 연개소문 입장에서는 불가피한 측면도 있었다.

알파형 리더 연개소문, 오메가형 리더 당 태종

연개소문이 고구려의 실권자가 되었다는 것은 곧 고당高唐전쟁을 의미했다. 이제 어느 나라가 먼저 선전포고를 하느냐만 남아 있었다. 이에 따라 동북아의 외교가 새로운 질서를 모색하느라 출렁거렸다.

백제와 신라의 사신들도 앞다퉈 연개소문을 만나고자 했다. 신라의 선덕여왕善德女王이 보낸 김춘추가 연개소문에게 고구려와 동맹을 맺자고 제안했다. 거의 성사 단계에 이르렀을 때 백제의 사신 성충이 연개소문에게 글을 올리는 바람에 무산된다.

그 후 고구려에 포로로 잡힌 김춘추가 간신히 탈주해 당나라로 달려갔다. 이런 과정을 거쳐 신라와 당나라의 동서 세력이 연대하고 고구려와 백제, 일본이 연결되는 남북 세력이 결성된다.

신국제질서 속에서 먼저 연개소문이 신라의 대당 통로인 당항성黨項城을 접수했다. 고립된 신라는 더욱 당나라에만 의지해야 했다. 당나라는 644년 고구려에 신라와 화해하라고 거만한 조서를 보냈다. 하지만 연개소문은 당의 사신 장엄蔣儼을 억류하는 등 초강경책으로 일관했다.

자존심이 구겨질 대로 구겨진 당 태종이 "임금을 시해하고 백성을 학대하는 연개소문을 가히 참을 수 없다"로 시작하는 요지의 선전조서宣戰詔書를 내렸는데, 그중 당의 승리를 확신하는 내용을 간추리면 다음과 같다.

> 큰 나라가 작은 나라를 치고, 순리로 역리를 치기 때문이며以大擊小 以順討逆
> 이치로 어지러움을 치고, 여유로움으로 노고를 치고, 기쁨으로 원망을 치기 때문이다以理乘亂 以逸敵勞 以悅當怨.

6만의 육군을 이세적이 지휘해 요동으로 향하고, 해군은 총사령관 장량이 500여 척의 전함에 4만 3,000명의 병력을 태우고 산동반도에서 평양으로 향했다. 수륙 양면으로 고구려를 공격하기 시작한 것이다.

앞에서 살펴본 대로 이들은 수나라 대군에 비해 작은 규모지만 최첨단 공성攻城 무기와 뛰어난 전투력을 지닌 최정예 부대였다. 초반에는 당나라 군대가 선전했다. 여기에 고무된 당 태종이 요동성 공격 때부터 직접 전쟁에 참여한다.

강고한 요동성까지 함락한 당나라는 의기양양하게 다른 성들을 공격했는데 웬일인지 실패하기 시작한다. 특히 안시성의 문턱을 넘어서지 못하고 회군해야 했다. 왜 그렇게 되었을까?

물론 안시성 성주 양만춘과 성민들의 용맹과 지략 때문이지만, 그 뒤에는 대당 전쟁의 최고 지휘자인 연개소문의 작전상 후퇴를 통한 '집중과 선택' 전략이 있었다.

연개소문은 당나라와 맞서 싸워 이길 만한 요충지에다가 탁월한 전투력이 있는 성주의 성인 안시성, 오골성 등에 더 많은 병력을 집중시켰다.

안시성에서 공격용 토산을 쌓고 허물고를 반복할 때 차츰 날씨가 급강하했고, 해전에서 연개소문의 전략이 빛을 발한 것이다. 당시 당나라 수군은 평양으로 향하는 해로의 관문이던 비사성에 묶여 있다가 장산군도長山群島의 여러 섬에 주둔해 있던 고구려 수군에 대패한 것으로 보인다. 이 때문에 수군 지휘부는 귀국 후 모두 처벌당했다.

여하튼 안시성에서 패배한 당 태종이 후퇴하는 길도 편안하지 않았다. 일부 연구에 의하면 고구려는 전쟁 초기 당나라에게 빼앗겼던 성들을 탈환해 당 태종은 할 수 없이 '죽음의 늪지대'라 불리는 요택遼澤을 건너야만 했다. 만리장성의 동쪽 끝으로 2백리 진창길인 요택에서 말과 군사가 갇히자 갈대를 베어 메워가면서 건너야 했다. 앞에서 언급한 몽롱탑은 이때 연개소문이 당나라군의 퇴로를 막고 있다가 당 태종을 추격한 것으로 보인다.

이런 곤욕을 치른 후에도 당 태종은 고구려를 꺾어보려고 647년부터 649년까지 세 번의 정벌 전쟁을 벌였다. 하지만 뜻을 이루지 못하고 죽고 고종이 뒤를 잇는다. 이후 연개소문이 말갈, 백제와 합세해 신라의 33개 성을 함락했다.

다급해진 태종무열왕 김춘추가 665년 정월에 당 고종에게 구원을 요청한다. 다음 달 당 고종이 소정방에게 군사를 주어 고구려를 공격했고 658년에 당의 명장 설인귀薛仁貴의 부대가 요동을 공격했지만 실패했다.

이에 당나라가 우선 백제부터 정벌하기로 하고 신라와 연대해 백제를 넘어뜨렸다. 그리고 드디어 고구려를 정복할 때가 왔다며 신라와 연대해 고구려를 침공했다. 하지만 연개소문이 당의 방효태龐孝泰 부대를 전멸시켜 당나라의 뜻대로 되지 않았다.

700년 고구려의 후반부는 연개소문의 개인기로 지켜졌다. 지금은 사라졌지만 연개소문이 지은 『김해병서金海兵書』가 있었다. 고려 때까지만 해도 병마절도사의 필독서였다.

고구려의 산성과 기병 중심의 전통적인 전술에다 전차 운용술을 도입해 적극적인 평야 전법을 만들었다. 당의 지략가 이정李靖이 전략서 『이위공병법李衛公兵法』을 만들 때 『김해병서』를 참조했다 한다. 이정이 평가한 것처럼 연개소문의 지략은 "하늘의 위엄으로 임하더라도 승리할 수 없을" 만큼 타의 추종을 불허했다.

그러나 언제까지 개인기만으로 제국이 유지될 수는 없다. 군사적으로 탁월했으나 정치력 리더십에 한계가 있던 연개소문이 사라지자 3년도 채 못 되어 고구려 700년 역사도 막을 내렸다. 아쉽지만 조직의 지속적인 역량을 키우지 못한 연개소문의 책임도 있다.

왕을 시해하고도 백성들의 지지를 받을 만큼 연개소문의 카리스마는 빛났다. 당 태종보다 출중한 연개소문에게 단 한 가지 단점이 있다면, 주위에 유능하고 올곧은 인재가 부족했다는 것이다. 워낙 연개소문이 강하고 독선적이다 보니 그랬을 것이다.

연개소문의 약점이 곧 당 태종의 장점이었다. 그 결과 연개소문에게 잇따라 패배한 태종의 당나라는 건재했고 전쟁에서 이긴 고구려의 국력은 약화일로로 치닫는다.

개인기는 연개소문이 한 수 위였고, 집단지성을 활용하는 친화력은 당 태종이 한 수 위였다. 여하튼 당 태종은 생전에 연개소문을 이기지 못했고, 고구려도 연개소문이 살아 있는 동안만큼은 중국을 이겼다.

많은 전쟁을 치렀던 당 태종이 유독 연개소문에게는 잇따라 패배했다. 그런데도 고구려와 전쟁에서 진 수나라가 망한 것과 달리 당나라는 건재했고 도리어 전쟁에서 이긴 고구려의 국력이 약화일로를 걷게 된다. 그뿐 아니라 당 태종은 정관의 치를 열며 중국인들에게 가장 존경받는 인물이 되었다.

연개소문 대 당 태종, 두 위인의 차이는 무엇일까. 성향의 차이에서 비롯된 주도권 행사 방식의 차이가 컸다. 두 사람의 리더십을 비교해보자.

연개소문은 알파형 리더였다. 알파형 리더는 승부욕과 공격 성향이 강하며 현재 상태를 비상 상황으로 규정하고 패권적 주도력을 행사한다. 반면에 당 태종은 오메가형 리더였다. 오메가형 리더는 현재의 문제 상황을 인정한다. 이를 풀기 위해 근원을 파헤치고 구성원의 이해로 해결하려고 한다.

조직을 운영하는 데에서도 두 사람은 극과 극이었다. 연개소문은 출중한 개인기 중심의 조직 운영으로, 측근은 주로 거수기 역할이었다. 도수류금류都須流金流 같은 측근도 있었지만, 이들은 연개소문의 지시로 귀족회의를 무산시키고 왕을 시해하는 일들을 맡았을 뿐, 연개소문의 약점을 보완해주고 잘못에 대해 직언하기가 어려웠다.

반면에 당 태종은 개인기와 함께하는 친화력 중심으로 조직을 운영했다. 당 태종은 자신을 보완해주고 직언해줄 탁월한 참모들을 거느렸다. 위징, 이정, 저수량, 이적, 두여회, 방현령 등 현신과 명장이 즐비했다. 특히 위징은 당 태종의 비위를 거스르는 직언을 서슴지 않았으며, 이정은 '이정병법'을 창안한 전술 전략의 귀재였다.

14

동업, 승계,
첩보전의
방정식

동업 방정식
– 요동 분할을 위한 삼국연합

미천왕이 고구려의 먼 서쪽에 버티고 있던 모용외慕容廆와 요동 지방을 놓고 각축전을 벌일 때였다. 319년 진나라의 평주자사 최비崔毖가 미천왕에게 솔깃한 제안을 한다,

"우문씨宇文氏와 단씨檀氏와 함께 삼국연합을 하여 모용외를 공격하십시오. 지금이 적기이니 그 땅을 차지해서 삼국이 나눠 가지십시오."

그리하여 삼국의 군대가 각각 모용외의 극성棘城(대릉하 중류)을 포위했다. 난처해진 모용외가 이간책을 썼다. 고구려와 우문씨의 진영에 쇠고기와 음식, 술을 가득 실은 수레를 보냈다. 고구려는 당장 돌려보냈으나 우문씨는 받았다. 그때부터 고구려와 단씨가 우문씨를 의심한다. 전쟁터에서 적을 앞에 두고 연합군을 의심한다는 것은 치명적이다. 더구나 삼국 중 우문씨의 병력이 10만으로 제일 많았다.

이들은 기름진 군량미를 보고 별 뜻 없이 잘 먹고 싸우면 된다고 생각했던 것이다. 아군 진영의 고구려와 단씨가 품을 의심은 미처 고려하지 못했다.

우문씨가 변심했다고 오해한 고구려와 단씨는 날씨도 춥고 군사들도 지쳐 있는 상태인지라 "천천히 후일을 도모"하기로 하고 철수했다.

모용외의 이간책이 성공한 것이다.

하지만 의심을 받은 우문씨는 "혼자 힘으로라도 기어이 극성을 차지하겠다"며 남았다. 모용외의 아들 모용한慕容翰이 야밤에 특공대를 조직해 다른 부족의 사신처럼 위장하고 우문씨 진영을 찾았다.

우문씨가 의심 없이 받아들이자 곳곳에 불을 놓았고, 모용외가 기병을 몰고 달려와 우왕좌왕하는 우문씨의 군대를 도륙했다. 이에 설 자리를 잃어버린 최비가 모용외에게 자기 형의 아들 도燾를 보내 염탐하는데 이를 간파한 모용외가 도를 돌려보내며 최비에게 다음과 같이 전하라고 했다.

항복이 상책이요, 도주는 하책이다降者上策 走者下策也.

이 말을 들은 최비가 화들짝 놀라 기병 수십 명만 데리고 모용외를 피해 고구려로 망명했다. 이때 미천왕이 선옥仙玉을 보냈으나 적을 가볍게 보고 단신으로 적진 깊숙이 들어가 모용외와 싸우다가 죽었다.

그는 매우 용감한 장수였으나 평소 부하들을 학대했기 때문에 곤궁에 처해도 아무도 나서서 구해주지 않았다. 모용외는 최비의 나머지 무리까지 접수하며 요동의 최강자가 되었고 셋째 아들 모용황을 321년에 황태자로 책봉했다.

이후에도 미천왕이 요하 유역을 공격하며 전략적 요충지인 요서 지역을 공략하고자 했으나 여의치 않았다. 그래서 후조後趙 석륵石勒왕에게 사신을 보내 싸리나무 화살을 선물했다. 모용외를 압박하기 위해 후주와 연대를 시도한 것이다.

333년 모용외가 죽자 모용황이 뒤를 이었고, 337년 동진東晉과 종속관계를 끊고 전연前燕을 건국해 초대 황제가 된다. 그 과정에서 형 모용한慕容翰, 동생 모용인慕容仁, 모용소慕容昭 등이 반란을 일으키는 등 모용씨 부족이 큰 혼란에 빠져 지냈다.

삼국연합과
요동 분할 작전에 비추어본
동업의 원칙

1. 동업을 체결하기 전 동업자를 잘 알고 있어야 한다.

삼국연합은 요동 방향으로 진출하려는 모용외의 세력을 두려워한 요동군의 평주자사 최비의 제안으로 시작했다. 그렇지 않아도 요동 공략을 추진 중이던 미천왕인지라 좋아하며 나머지 두 나라에게 연합을 제안했던 것이다.

단씨, 우문씨, 탁발씨 등도 모용씨와 함께 선비족의 일파였다. 같은 선비족 내에서 이 네 씨족이 패권을 다투었다. 미천왕은 최비의 배반으로 삼국연합을 결행하기 전 이런 상황을 알고 승산이 있다고 보았다.

재정, 인사, 정보, 기술, 영업 등 어떤 분야든 다른 조직의 도움이 필요할 때 동업을 하게 된다. 동업을 체결하기 전에 동업자가 과연 필요한 부분을 보완해줄 수 있는지 충분히 파악해야 한다. 동업에 급급해 상대의 말과 내용의 일치 여부를 확인하지 않는다면 실패한다. 동업이 시작되면 상황은 예상대로만 진행되지 않는다.

2. 업무를 어떻게 분담할지 미리 확정해두어야 한다.

서로 양해하며 잘해보자거나 앞으로 겪어보면 알겠지만 무리하거나 내 욕심만 챙기지 않는다는 등으로 동업 후의 업무 분담 이야기를 하지 않고 동업을 시작하면, 업무의 중요도나 영향력 등과 일하는 과정에서의 자존심 싸움 등으로 반드시 갈등이 생긴다.

3. 신뢰 있는 소통원칙을 정한다.

수입과 지출, 인사 등 중요한 의사결정에 관해 운영원칙을 미리 결정해두어야 한다. 예를 들면 고구려와 단씨, 우문씨들이 모용외와 대결하기 전에 모용외가 어떤 식으로 개별접촉을 하더라도 충분히 소통하기로 결의했다면 삼국의 연합이 깨지지 않았을 것이다. 단순히 의기투합하는 식으로 동업을 시작해서는 상당히 곤란하다. 동업 이후 발생가능한 사태를 예견하고 대안을 마련해놓아야 분쟁을 미연에 방지할 수 있다.

4. 디테일에 악마가 있다.

고객 접대의 순서 등 디테일한 부분에서 리스크가 발생하기 쉽다. '디테일에 악마가 있다'는 말이 그냥 나온 것이 아니다. 업무 프로세스에서 자존감을 지키도록 사전에 원칙을 정해놓아야 한다. 보상 방식도 투자 기여도 등을 고려해 확실하게 정해두어야 한다.

5. 동업 기간과 투자 방식, 회수 방식을 확실히 해둔다.

투자 방식은 투자금의 비율과 기술과 영업망 등으로 구분해 정하고 회수 방식은 투자 기여도와 경영 성과, 수익 창출 능력 등을 고려해 결정한다.

리더십 승계 방정식
– 고국원왕과 모용외의 차이

성공적인 리더십의 화룡점정畵龍點睛은 성공적인 리더십 승계다. 그래야만 조직의 비전이 지속된다. 많은 리더가 비전과 지속가능 경영을 강조하면서도 후계자를 양성하는 업무를 소홀히 하고 있다. 공격적 카리스마형 리더인 연개소문도 별다른 준비 없이 죽고, 세 아들이 권력 나눠먹기를 하다가 나라가 망했다.

이에 비해 고국원왕과 모용외는 나름대로 승계 작업을 완수했다. 모용외는 능력 위주로 리더십을 교체했고 미천왕은 문화와 민심 위주로 리더십을 교체했다.

모용외에게는 10명의 아들이 있었는데 그중 큰아들 모용한과 셋째 아들 모용황, 둘 다 지략과 담력이 뛰어났다. 그런데도 별다른 이유 없이 셋째 아들 모용황을 태자로 선택했다. 아마도 모용황이 모용한보다 능력과 권력욕이 더 컸던 것 같다.

미천왕의 승계 과정은 달랐다. 장남 고사유高斯由는 유약해 낙마가 무서워 사냥도 조심스럽게 할 정도였다. 하지만 차남 고무高武는 아버지 미천왕을 닮아 용맹했다. 대신들이 능력이 출중한 차남 고무가 태자가 될 수 있다고 보기도 했으나 미천왕은 314년 정월에 장남인 고사유를 태자로 세웠다.

이런 승계 구도가 두 나라에 어떤 영향을 끼쳤을까? 사서에 보면 모용황이나 모용한은 모두 뛰어난 인물이라고 나온다. 모용황은 장신에 경학經學과 천문天文을 좋아하며

금동관(고구려 왕관)

재예材藝와 권략權略이 뛰어났다.

모용한도 웅재雄才와 효무驍武가 탁월했다. 둘 다 전쟁 때면 혁혁한 공을 세웠지만 사이가 좋지 않았다. 특히 모용황이 형인 모용한을 심하게 질투했다. 그뿐 아니라 다른 형제들이 부왕에게 사랑을 받는다 싶으면 시샘했다. 만일 형이나 다른 형제에게 왕위를 주면 모용황은 반드시 반란을 일으키고도 남을 인물이었다.

필시 이를 우려한 모용외가 모용황에게 권좌를 주었을 것이다. 물론 능력도 모용황이 모용한보다는 뛰어났을 것이다. 여하튼 모용황이 왕이 되자 다른 형제들이 두려워 도망가거나 반란을 일으킨 것이다.

형 모용한은 서쪽 단부段部로 명명해 그 부족을 이끌고 모용황을 일시 공격하기도 했으나 유학에 심취한 자답게 고국이 멸망할까 봐 중단했고 후에 귀국했다. 모용인은 평곽平郭을 거점으로 반란을 일으켰다. 이러한 승계 과정의 소용돌이를 모용황이 겨우 잠재우고 전연을 건국했다. 그리고 11년 후인 348년 사냥 도중 낙마해 유명을 달리했다.

그러면 세인들의 예측과 달리 왕이 되지 못한 고무의 행보는 어떠

했을까? 그는 형 고사유가 고구려 고국원왕이 된 후에도 모용황의 형제들과 달리, 형인 고국원왕의 통치를 도왔다. 즉 형의 부족한 부분을 보완해주며 고구려를 성장시키는 데 주력했다. 이래서 고무를 두고 형보다 나은 아우라는 말이 나온다.

미천왕 시대 고구려가 그토록 추진하던 요서 진출이 매번 좌절되었다. 이유는 단 하나, 모용외의 건재 때문이었다. 이를 잘 아는 고국원왕도 모용외를 제거할 방안을 모색하고 있을 때였다.

그런데 마침 모용황과 치열하게 다투던 후조의 석호石虎왕이 배 300척에 양곡 30만 석을 실어 보냈다. 후조가 고구려와 함께 모용황의 전연을 정복하려고 하려는 것이었다. 고구려가 크게 기뻐하며 전연을 칠 궁리를 하고 있을 때 후조 왕가에 엄청난 내분이 일어나 외부 정벌이 중단되었다. 한편 중원 석권을 도모하는 모용황에게 고국으로 돌아온 모용한이 건의했다.

고구려를 먼저 정복한 후에 우문씨를 멸할 수 있고, 그 후에야 중원 도모가 가능합니다先取高句麗 後滅宇文 然後中原可圖.

그래서 342년 고구려를 평탄한 북도北道와 험준한 남도南道의 두 방향으로 나누어 침략하게 된다. 고구려에서는 고국원왕이 남도를 방어하기 위해 나갔고, 북도 방어를 위해 왕의 아우 고무가 정예병 5만 명을 데리고 나갔다.

고구려는 전연의 주력부대가 북도로 쳐들어올 줄 알고 주력군을 그 방향에 집중한 것이다. 이를 간파한 전연은 역전략을 선택했다. 모용황이 4만 군사로 남도로 진격했고 별동대 1만 5,000명은 북도로 진격했다.

고무의 부대는 선방했으나 고국원왕의 부대가 대패했다. 환도성까지 밀고 온 모용황이 미처 피신하지 못한 고국원왕의 어머니와 왕비까지 붙잡았다.

고구려는 작전 실패로 너무 큰 대가를 치렀다. 불행 중 다행으로 북도로 간 고무의 고구려 주력군 5만 명이 전연의 별동대 1만 5,000명을 궤멸시켰다. 이들이 퇴로를 차단할까 두려워 모용황은 왕비와 왕모 등 인질 5만 명을 끌고 돌아갔다.

고국원왕과 모용외의 리더십 교체 방식은 차이가 있다. 모용외는 능력 위주의 리더십 교체를 추구했다. 리더십 승계 원칙이 장자 중심인 농경 사회와 달리 유목민 사회는 장자 승계만을 고집하지 않는다. 부족장 칸汗이 사망하면 새 칸이 선출될 때까지 왕이 카툰(칸의 부인)을 다스린다. 모용외는 첫째 모용한 대신 셋째 모용황을 택했다. 셋째가 첫째보다 능력이 출중해 모용한이 왕이 되어도 모용황을 당해내지 못하리라 본 것이다. 대신 모용한은 유학을 숭상하고 대인관계가 좋아 동생인 모용황이 왕이 된다 해도 일시적으로 분노하겠지만 결국은 나라에 충성하리라고 내다본 것이다.

반면에 미천왕은 문화와 민심 위주의 리더십 교체를 추구했다. 고구려의 승계 문화가 장자 중심인데, 미천왕 자신의 등극이 창조리의 반란으로 인한 비상 상황에서 이루어졌다. 이처럼 자신도 장자 승계가 아닌데 능력 위주로 승계한다고 장남을 버리고 차남을 선택하면 정통성 시비가 일 것이 분명했다. 당시 정황에서는 능력보다 정통성 확보가 중요하다고 본 것이다. 능력은 차남인 고무가 장남인 고사유보다 훨씬 출중했다. 하지만 고사유는 태종 이방원 같은 야심가도 아니었고, 무엇보다 개인의 야망보다 충과 효를 중시했다. 동생인 고무가 왕이 되더라도 충분히 수용하고 왕과 국가를 위해 변함없이 충성할 왕자였다. 참고로 고사유는 고국원왕이며, 그의 아들이 소수림왕과 고국양왕이며 손자가 광개토대왕이다.

첩보전 방정식
– 고국원왕의 붉은 깃발 부대

고국원왕을 지독하게 괴롭혔던 전연이 370년 전진前秦의 부견苻堅에게 멸망했다. 이제 전진이 북중국의 최강자가 되었다. 전연이 멸망할 때 실권자 모용평慕容評이 고구려로 도망쳐왔다.

전진과 우호적 관계가 필요했던 고국원왕이 모용평을 포박해 곧바로 전진으로 보냈다. 전연이 사라진 후 오랜만에 고구려의 서북 변경에 평화가 찾아왔다. 하지만 전성기를 누리던 근초고왕의 백제가 황해도 지역을 급속히 잠식해 들어오기 시작했다.

고구려와 백제 두 나라가 369년 처음 조우한 곳이 치양雉壤(황해도 연백)이다. 고국원왕이 기병과 보병 2만을 거느리고 공격했다. 병사들에게 치양의 민가에 들어가 자유롭게 침탈하도록 허락했다.

이들이 약탈의 재미를 만끽하고 있을 때 백제의 태자 근구수가 이끄는 백제군이 어느덧 다가와 무장해제 상태의 고구려 군사들을 닥치는 대로 제거했다. 여기서 고국원왕은 5,000명 이상의 군사를 잃고 퇴각해야만 했다.

그리고 2년 후인 371년 두 나라 사이에 큰 전쟁이 벌어진다. 평양성전투였다. 그해 10월 백제 3만 군사가 평양성을 공격하기 시작했다.

황색 깃발을 든 백제군의 빈틈없는 대열 맨 앞에 근초고왕이 섰다. 고국원왕도 고구려군을 진두지휘하며 맞서다가 백제군의 화살에 맞아 전사했다.

어떻게 이런 최악의 상황이 연달아 벌어졌을까? 첩보전의 실패였다. 백제 왕실에서 말을 돌보던 사기斯紀가 실수로 왕의 말발굽을 훼손했다. 겁이 나서 고구려 군대로 도망했다가 다시 백제 진영으로 돌아가 고구려 군영의 허와 실을 낱낱이 알려주었다. 붉은 깃발 부대만 집중공격하면 나머지는 숫자만 채운 병사들이기 때문에 줄행랑을 친다는 등의 정보였다. 근초고왕이 전투 직전 장수들을 불러 모았다.

"붉은 깃발을 든 부대만 집중 공략하라."

사기의 제보로 어디에 전력을 집중해야 할지 파악한 백제군이 다른 부대는 놓아두고 오로지 적기 부대만 격파하기 시작했다. 그래서 승기를 잡은 근구수가 갑옷까지 벗어던지고 도주하는 고구려군을 쫓아 수곡성(황해도 신계)까지 이르렀을 때였다. 근구수가 북진을 계속하려고 하자 장군 마고해莫古解가 말렸다.

"지족불욕知足不辱 지지불태知止不殆."

『도덕경』의 말로 '만족할 줄 알아야 욕을 보지 않고, 그칠 줄 알아야 위태롭지 않다'는 뜻이다. 이 말을 옳다고 여겨 백제군이 회군했다. 고국원왕은 동생 고무보다 담력과 지략에서 밀렸다. 또한 그가 만난 적들인 전연의 모용황과 참모들, 백제의 근초고왕은 역대 최고의 전략가들이었다.

특히 근초고왕은 고구려의 광개토대왕 못지않은 정복군주였다. 고국원왕은 양쪽으로 이런 최고 적수를 만나도 회피하거나 다른 장수만

황해도 안악 3호분에 그려진 붉은 깃발의 고구려 군 행렬도

내세우지 않고 항상 전선의 선두에 서서 고구려를 힘겹게 지켜냈다.

그것 때문에 뼈아픈 패배를 거듭하고서도 백성들이 그를 무능한 군주가 아니라 '성실하지만 불운한 군주'로 안쓰럽게 보며 신망과 존경을 보냈던 것이다. 이런 고국원왕의 희생적인 리더십 위에 아들 소수림왕이 체제를 일신할 수 있었던 것이다.

고국원왕의 시기에는 전연과 백제가 동방의 신흥 강국이었다. 이들에게 고국원왕은 연달아 패배했다. 그 원인은 정보력 부재와 작전 기밀의 사전 누출 등이었다.

정보 수집 전략

1. 내부 정보 수집

조직의 내부 정보를 수집함으로써 조직 내 비전 전파와 공감도, 구성원의 역량 파악과 사기 정도, 조직의 전반적 역량들을 파악해두어야 한다. 기업 업무에 관련된 모든 내용, 즉 제조, 물류, 판매, 인사, 홍보 등을 데이터베이스화해서 한눈에 알아보도록 한다. 회사의 비전과 교육, 초기 투자비용, 홍보비 등과 각종 지표를 연결해 체계적이며 의미 있는 자료로 활용해야 한다. 그렇지 않으면 아무리 많은 데이터를 모아둔다 해도 정보가 아니라 단순한 첩보information에 지나지 않는다.

2. 외부 정보 수집

조직이 커질수록 내부 정보보다 외부 정보가 중요해진다. 동종업계의 기술 동향과 경영 전략은 기본이고, 기업 활동에 전반적으로 영향을 미치는 정치 환경, 법률 재개정 등을 수집한다. 자사 제품과 경쟁사 제품에 대한 소비자들의 인식도 알아야 한다. 업계의 기술 개발 트렌드나 경쟁사의 신제품 개발 방향도 수집해야겠지만 자사의 중요 정보가 누설되지 않도록 하는 것도 중요하다.

15

리더와
2인자의
관계

창조리, 그리고 을파소

연개소문과 당 태종의 차이라면 개인적 능력은 연개소문이 출중했지만 측근들과의 팀플레이 파워는 당 태종이 우월했다는 점이다. 조직이 클수록 조화적 팀플레이가 필요하며 바로 이때 유능한 2인자가 필요하다. 창조리나 을파소가 그런 2인자였다. 2인자란 기본적으로 리더의 강점을 빛나게 해주고 약점을 보완해주는 존재다. 그 외에도 상황에 따라 필요한 여러 역할이 있다. 그중 하나가 적재적소의 인재 천거다.

왕이 나라를 대표하기는 하지만 실질적으로 일을 하기도 하고 총괄하는 자는 국상이었다. 그래서 이들을 '일인지하, 만인지상'이라고 했다. 위로 임금을 돕고 아래로 모든 관리를 지휘 감독하고 백성까지 돌봐야 했다. 창조리는 봉상왕과 미천왕 두 대에 걸쳐 국상을 지냈다.

그가 상루尙婁의 뒤를 이어 국상이 되었을 때, 선비족 모용씨의 수장 모용외가 수시로 고구려의 변경을 어지럽혔다. 이에 봉상왕이 창조리에게 대책을 물었다.

"서쪽의 요충지 신성新城에 고노자高奴子를 태수로 임명하십시오. 어질고 용감하며 모용씨를 능히 막을 수 있습니다."

고노자가 신성태수가 된 후 선정을 베풀며 성민이 단결해 용맹을 떨치니 모용외가 쉽사리 고구려를 침범하지 못했다. 창조리처럼 안유晏留도 개인의 이해관계를 떠나 조직의 성장을 위한 인재를 천거한 덕분에 을파소도 국상이 될 수 있었다.

고국천왕 때 외척 어비류於界留와 좌가려左可慮의 무리들이 배경을 믿고 백성의 재산을 마음대로 약탈했다. 왕이 벌을 주려 하자 연나부 가문의 힘을 모아 반란을 일으켰다. 내란을 진압한 후 반란에 개입한 연나부를 제외한 나머지 4부에 영을 내려 새로운 인재를 천거하도록 했다.

"과인이 덕이 아니라 은총으로 관직을 주었더니 그 해독이 왕실과 백성에게까지 미쳤도다. 그대들이 명철하고 신뢰할 만한 인재를 천거하라."

왕이 왕비의 친척 등 자신과 가까운 사람들에게 고위직을 주었던 것을 자책하는 말이었다. 왕의 분부를 받은 4부족 사람들이 한결같이 동부 출신 안유를 천거했다. 최고의 관직을 받을 수 있는 절호의 기회가 왔는데 안유는 그것을 거절했다.

"신이 나라의 큰일을 맡기에는 용렬하고 우매합니다. 저보다 훌륭한 사람이 있습니다. 서쪽 압록강변에서 농사짓고 있는 을파소입니다. 지략이 웅대하고 정의로운 분입니다. 대왕께서 나라를 다스리시는 데 반드시 필요한 사람입니다."

왕이 곧 을파소를 불러 중외대부中畏大夫 벼슬을 주며 부탁했다.

"과인이 박덕하고 재능이 부족해 그대의 가르침을 받고자 하니 성심을 다해주시오."

그러나 을파소는 "신이 우둔하오니 더 현량한 사람을 뽑아 더 높은 벼슬을 주시라"며 사양했다. 높은 벼슬이 탐나서가 아니라 시기와 모략이 횡행하는 궁정에서 제가회의를 주관하는 국상이 아니고는 자기처럼 외부에서 충원된 사람이 아무 일도 할 수 없음을 알았기 때문이다. 그제야 왕이 을파소의 속뜻을 알고 최고위직인 국상을 수여한다.

역시 귀족들이 들고 일어나 "밭이나 갈던 농부가 어떻게 국상이 되느냐?"며 심하게 반대했다. 하지만 고국천왕은 흔들리지 않고 추상같은 명령을 내렸다.

"누구를 막론하고 국상에게 복종하지 않는다면 일족을 멸하겠다."

을파소는 국상에 취임하면서 사람들에게 이렇게 말했다.

> 때가 아니면 은거하고 때가 되면 나아가 벼슬하는 것이 선비의 일이니라 不逢時則隱 逢時則仕 士之常也.

왕이 을파소를 전적으로 신뢰하자 을파소도 사심 없이 헌신적인 정치를 한다. 무엇보다 패거리 정치를 막고 상과 벌을 엄격히 했으며, 매관매직을 엄금했다. 배경이 아니라 능력을 보고 제대로 일할 수 있는 자를 선별했다.

그 덕에 차츰 민생이 안정되고 정교가 맑아졌다. 그제야 고국천왕이 크게 기뻐하며 안유를 불러 치하하며 대사자 大使者 벼슬을 내렸다.

"그대가 을파소를 천거해주어 나라가 잘 다스려지고 있소. 모두 그대의 공로요."

'자사타천 自辭他薦'이라는 고사성어가 여기서 나왔다. 자기가 누릴 권리를 타인에게 준다는 것이다. 정치가 차츰 안정되어가던 194년 을 파소는 춘궁기 때마다 반복되는 기아 현상을 해소할 근본 대책을 마련한다.

바로 진대법賑貸法이었다. 춘궁기에 나라의 곡식을 빌려주고 가을 추수 때 돌려받는 방식이다. 온 나라 사람이 기뻐했다. 백제와 신라는 물론, 송나라 왕안석도 1070년에 진대법을 벤치마킹한 청묘법靑苗法을 도입한다.

고구려의 진대법이 소문나면서 후한 등 이웃 나라 백성들이 고구려로 몰려와 국력이 크게 증가된다. 고대국가에서는 국경 개념도 희미했으며 인구 수가 국력을 나타내는 하나의 지표였다. 을파소는 고국천왕의 사후 산상왕 때에도 국상을 계속 맡았다가 203년 가을에 온 백성이 슬퍼하는 가운데 세상을 떠났다.

만일 1인자가 누구보다 조직에 해로운 존재일 때 2인자는 어떻게 해야 되는가. 2인자가 1인자에게 충성하는 이유는 1인자가 대표하는 조직원의 행복을 위한 것이다. 따라서 드물기는 하지만 1인자의 성품과 기벽 때문에 조직원 전부가 불행해질 때 리더 교체의 위험도 감수해야 된다.

창조리가 그런 2인자였다. 고노자가 모용외의 침입로인 신성을 지키면서 서부 변경이 비교적 안전해진 봉상왕이 교만해졌다. 마침 흉년이 겹쳐 백성이 굶주리는데도 15세 이상 남녀를 동원해 궁성을 건축하는 등 토목공사를 강행했다.

창조리가 군왕의 도리가 아니라며 간언했지만 봉상왕은 도리어 창조리를 위협했다. 창조리의 2인자 철학은 분명했다.

고구려 고분 벽화에 그려진 해신과 달신. 리더와 2인자의 관계를 비유한 듯하다.

"임금에게 간언해야 청신이고, 백성을 가련히 여겨야 인군仁君이다."

인군이 아닌 폭군을 그대로 둘 수는 없는 노릇이었다. 그래서 창조리가 어려운 결단을 내려 대소신료들과 폐위를 논의하고 을불을 새 왕으로 옹립했다.

그렇다면 리더와 2인자의 바람직한 관계는 어떤 것일까? 수어지교水魚之交라는 사자성어가 딱 맞다. 현군縣君이 재사才士를 만난다면 물 만난 고기처럼 조직이 팔딱이며 비상한다. 신하를 잘둔 덕에 현군 소리를 들은 이가 당 현종이다. 요숭姚崇과 송경宋璟이라는 두 명신을 두었는데 두 신하가 출퇴근 때 현종이 마중과 배웅을 나갈 정도로 아꼈다. 두 사람에 이어 한휴韓休라는 명신을 또 만났다. 그런데 한휴가 너무 직언을 많이 해 현종이 힘들어하자 한휴를 질투하는 신하들이 "한휴가 온 후로 폐하가 무척 야위셨다"며 충동질했다. 이때 현종의 대답이 걸작이다.

"한휴 때문에 내가 수척해지기는 했지만 나라는 살쪘도다."

2인자의 기본 책무는 리더가 본연의 책무에 충실하도록 돕는 것이다. 그중 제일 중요한 책무가 인사 천거다. 2인자가 직접 인사에 개입하지 않는다 해도 인재를 선정하는 과정에서 리더의 결정에 어떤 식으로든 영향력을 행사하게 되어 있다.

창조리가 봉상왕에게 고노자를 추천해 모용씨의 침략을 막은 것도 하나의 사례다. 안유가 고국천왕에게 을파소를 추천한 것도 마찬가지다. 사심을 개입하지 않고 오로지 조직의 비전 달성을 위한 적임자를 추천해주어야 한다.

따라서 항시 리더는 2인자가 본연의 역할을 다하도록 고무해주어야 하고, 2인자도 리더의 각종 의사결정이 바르게 내려지도록 도와주어야 한다. 특히 인재 발탁에 리더가 오판을 하지 않도록 공정한 자료와 충언이 필요하다.

리더는 자신의 리더십 행사가 시의적절한지, 구성원의 공감을 얻고 있는지 2인자와 수시로 교감해야 한다. 그러기 위해서는 2인자도 리더에게 신임을 받아야 한다. 특히 리더의 자리가 목적이 아니고 2인자로 리더를 빛내는 것이 목적임이 행동에서 나타나야 한다.

2인자는 리더에게 칭찬은 물론 쓴소리도 아끼지 말아야 한다. 칭찬이 지나치면 아부가 되고 독이 되지만 리더도 때로는 진실한 칭찬에 목말라 할 때가 있다. 빌 게이츠의 최고 참모인 스티브 발머는 격려하기motivating을 잘했다.

물론 쉬운 일은 아니다. 리더가 강퍅한 경우 쓴소리 한마디에 축출될 수 있다. 그렇더라도 리더의 거듭된 오판으로 조직이 결정적인 위기를 만났는데도 리더가 무지하거나 고집을 부린다면 직언해야 한다.

폭군 봉상왕도 즉위 중반까지는 비교적 잘 다스렸다. 그런데 후반부

리더와 2인자 관계의 종류

가장 바람직한 관계	상호 직언도 해주고 케어해주는 관계. 상호 본연의 역할을 다하도록 고무해주며 동시에 쓴소리도 할 수 있다.
어중간한 관계	케어나 조언, 둘 중 하나만 하는 관계. 케어는 하지 않고 쓴소리만 해대면 상호 모욕적 공격성 관계로 발전하고 이 역시 방치된 관계로 전락한다.
아무것도 하지 않고 서로 방치된 관계	서로가 부정적인 반응이 두려워 솔직한 조언을 못한다는 관계. 서로 조언을 못하는 관계가 더 어색한 관계로 발전하고 불신을 초래하며 방치된 관계로 전락한다. 킴 스콧Kim Malone Scott은 이런 관계를 "파괴적 공감 ruinous empathy"이라 한다.

에 임금의 권위를 높인다며 무리한 궁궐 증축을 하면서 폭군으로 돌변했다. 마침 흉년 등 천재지변으로 국고가 고갈되었고 백성들은 도탄에 빠져 있었다. 7년 동안 재상 노릇을 하던 창조리는 왕에게 직언을 했고 받아들여지지 않자 혁명을 일으켜 왕을 갈아치웠다.

리더와 2인자는 올바른 리더십에 대해 수시로 교감해야 한다. 리더의 존재 이유와 리더십 행사 원칙을 리더만큼이나 2인자도 잘 알고 있어야 한다. 리더가 권력에 취해 초심을 잃어버릴 경우 2인자가 확고하게 리더의 존재 이유를 환기시켜주어야 한다. 창조리가 폭군으로 돌변한 봉상왕에게 이렇게 환기시켜주었다.

"왕은 백성의 부모 노릇을 해야 합니다. 수탈만 하면 이웃 강국에게 사직을 빼앗길 수 있습니다."

하지만 봉상왕의 리더관은 달랐다

"리더는 백성이 우러러보아야 하는 존재다. 일단 외양부터 화려해야 왕의 위엄도 선다."

창조리는 다시 교정을 시도했다.

"백성을 걱정하지 않는 왕은 인자하지 못한 왕이며 왕의 잘못을 간하지 않는 신하는 불충한 신하입니다."

현군은 재사를 만나면 역할을 수행할 충분한 권한을 위임해준다. 물론 2인자는 리더 자리를 호시탐탐 노리는 존재가 아니어야 한다. 충분히 지혜롭고 확실히 사심 없는 2인자라면 리더는 그에게 최대한의 권한을 주어야 한다. 고국천왕은 시골 농부 을파소를 일거에 국상에 임명해 혼탁한 귀족들을 다스리게 했다.

2인자 소서노?
킹메이커 소서노!

소서노는 리더에게 선택받은 2인자가 아니라 리더를 만들어낸 2인자였다. 그뿐 아니라 그녀로 인해 고구려와 백제라는 고대국가가 탄생했다. 초라한 망명객 주몽이 소서노로 인해 고구려를 건국할 수 있었고 비류와 온조가 소서노를 따라 남하해 백제를 세울 수 있었다.

소서노는 졸본 부여 5부족 중 하나인 계루부의 족장 연타발의 딸인데, 일찍이 해부루의 서손庶孫인 우태優台와 결혼했었다. 둘 사이에 첫째 비류를 낳고 둘째 온조까지 낳았다는 설과 온조는 주몽과 결혼하고 낳았다는 2가지 설이 있는데, 후자가 유력해 보인다. 우태가 전쟁 중 전사해 소서노가 과부로 지내는데 젊은 주몽이 협보, 마리 등 소수의 참모들과 함께 계루부로 망명해 연타발에게 사정을 이야기했다.

인물은 인물을 알아본다. 졸본 지역의 최대 상단을 거느린 대상인이면서 한 부족의 족장답게 연타발은 첫눈에 주몽의 비범함을 알아보고 딸 소서노와 혼인시켰다. 이제 주몽은 날개를 달게 되었다. 연타발의 막대한 물자와 철기구, 자본, 군사력을 활용해 졸본 지역의 5개 부족을 하나씩 통합해나갔다.

또한 동쪽 말갈이 수시로 졸본 지역을 약탈해 피해가 컸는데 말갈족을 대대적으로 소탕했다. 이리하여 연타발의 신임은 물론 졸본 지역 부족민들의 신망도 얻으며 5부족 연맹체로 고구려가 출범한다.

하지만 소서노는 주몽이 졸본 지역의 통합만이 아닌 다물을 실현하려는 열망이 있음을 잘 알았다. 주몽이 건국 후 국세를 확장하며 동서남북으로 영토를 확장할 때도 물심양면으로 도왔다.

이런 소서노를 주몽도 지극히 사랑하며 그가 데리고 온 두 아들도 친아들 이상으로 아꼈다. 나라가 어느 정도 기반이 갖춰지자 후사를 책봉해야 했다. 소서노는 당연히 비류와 온조 중 하나가 되리라고 믿고 있었다. 그래서 주몽의 심중이 더 복잡했다. 동부여를 탈출할 때 잉태 중인 부인 예씨를 홀로 남겨두었다. 그동안 얼마나 고초가 심했을까? 또 아버지 없이 자식은 얼마나 잘 자랐을까?

남겨둔 아내와 아들에 대한 그리움과 자책감이 나날이 깊어갔다. 태자 책봉을 서둘러야 한다는 대신들의 빗발치는 요구를 물리치고 있는데 유리가 찾아왔다. 주몽은 크게 기뻐하며 곧바로 유리를 태자로 임명했다. 제일 경악한 사람은 당연히 소서노와 두 아들이었다. 소서노는 자신과 아버지의 전 재산을 바쳐 주몽의 고구려 건국을 도왔다. 그녀가 없었다면 건국은커녕, 졸본 지역에 아무 기반도 없는 주몽은 자기 혼자 몸도 건사하기 어려웠을 것이다.

'이러려고 지난 20년간 주몽을 헌신적으로 도왔던가?'

소서노는 자괴감이 들었다. 그 자괴감은 곧바로 냉엄한 정치적 현실 직시와 대안 마련으로 바뀌었다. 왕위 계승자가 왕위를 놓쳤다는 것은 곧 죽음을 의미할 수도 있다. 그래서 온조가 먼저 제안했다.

우리 세 모자가 여기 남아 혹처럼 대우받으며 우울하게 지내는 것이 어머니를 모시고 남으로 내려가 좋은 땅에 나라를 세우는 것만 못하겠습니다 吾等徒在此 鬱鬱如疣贅 不如奉母氏 南遊卜地 別立國都.

소서노가 기다렸다는 듯 수긍하며 함께 떠날 10명의 신하를 모았다. 이들과 함께 세 모자가 남으로 내려간다. 이때도 소서노는 전 재산을 처분했다. 측근 이외에도 세 모자가 남으로 내려가자 많은 백성이 뒤따라 행렬을 이루었다. 주몽도 이를 알았겠지만 묵과했다.

한 무리의 백성들이 세 모자를 따라 한강 유역으로 이주했다. 이렇게 백성들이 소서노와 고락을 같이한다며 따라와서 나라 이름을 백제百濟라 지었다 한다.

비류가 인천의 미추홀에, 온조는 하남 위례성에 각기 정착했는데 미추홀 지역의 물이 짜고 땅이 습하다며 비류 집단이 동생 온조 집단에 귀부했다. 두 집단이 연합해 백제를 건국한 것이다.

『삼국사기』에는 기원전 6년 호랑이 5마리가 성안으로 들어온 후 소서노가 유명을 달리했다고 기록되어 있다. 이 비유의 표현은 무엇을 의미할까?

여왕의 권세를 행사하는 소서노가 온조에게 형 비류를 도우라고 설득하려 하자 자신의 입지가 무너질 것을 우려한 온조의 측근들이 온조 몰래 자객을 보내 소서노를 제거한 것으로 보인다. 이때 소서노의 나이 61세였다.

리더를 만들어내는 2인자,
소서노에게 배우는
리더의 조건

1. 인재를 키운다.

대개의 경우 리더가 2인자를 선택한다. 하지만 소서노는 정반대였다. 그녀가 리더가 될 사람을 택해 세웠다. 리더를 만들어내는 2인자였던 것이다. 그녀의 고향에 찾아온 낯선 청년 주몽을 고구려 창립 군주로 만들었다.

2. 시류에 흔들리지 않는다.

주몽이 동부에서 찾아온 첫째 부인의 아들 유리를 태자에 책봉하자 과감하게 왕실을 버렸다.

3. 서두르지 않는다. 그러나 때가 되면 행동한다.

4. 누구보다 한 발 앞서서 본다.

5. 기존의 통념에 얽매이지 않는다.

고대 사회에서 자기 부족을 떠난다는 것을 곧 사회적 고립을 의미했다. 이를 무릅쓰고 소서노는 생면부지의 남쪽 땅으로 두 아들을 데리고 와서 또 나라를 세웠다.

6. 창의적인 아이디어가 많고 구체화할 수 있는 방안도 찾아낸다.

킹메이커인 소서노는 아이디어도 기존의 통념에 매이지 않아 아이디어가 많았고 항상 남보다 한 발 앞서 나갔다.

리더와 비공식 로맨스의 한계
– 안장왕과 백제 처녀 한주

━━━━━

리더의 공식적 2인자는 조직 내에 있다. 그러나 고대 사회처럼 왕에게 권력이 집중될수록 비공식적 2인자의 영향력이 커진다. 그중 리더가 모든 것은 터놓고 의논하는 사이야말로 최고의 영향력을 지닌 비공식적 2인자다.

22대 안장왕(재위 519~531)에게 그런 연인이 있었다. 적국의 처녀인 그녀를 사랑해 전쟁까지 일으켰다. 흔히 사랑에 눈먼 전쟁은 결과가 좋지 않지만 안장왕은 전쟁과 사랑에 모두 승리했다. 안장왕의 사랑은 고전소설 『춘향전』의 모체가 될 만큼 절절하고 유명하다.

그가 아직 태자였을 때 고구려와 백제 사이에는 영토 분쟁이 한창이었다. 안장왕의 이름이 흥안興安이다. 그가 몸소 정보를 수집하기 위해 상인 행색을 하고 백제 땅으로 들어갔다.

개백皆伯(경기도 고양) 지역을 지나다가 백제 정찰병을 피해 근처 한씨의 집에 숨었다. 그 집 딸이 한주韓珠였는데, 두 사람은 첫눈에 반해 그날 아무도 몰래 정을 통하고 부부의 연을 맺기로 서약한다. 정찰을 충분히 마친 흥안은 돌아갈 시간이 되자 신분을 밝힌다.

"사실 나는 고구려의 태자 흥안이오. 남루한 행색을 이리 용납해주었으니 참으로 감격이오. 귀국하면 대군을 몰고 와 그대를 모셔갈 것이오."

이 말이 믿기지 않는 듯 놀란 눈으로 울기만 하는 한주에게 태자가 다시 한 번 힘주어 말했다.

"반드시 돌아올 것이오."

기약만 남기고 태자가 고구려로 넘어간 후 한주는 태자가 다시 올 날만 기다리고 있었다. 이런 한주에게 백제의 태수太守가 눈독을 들였다. 한주의 부모에게 청혼을 넣었으나 한주가 거절했다. 직접 불러 거절의 이유를 물었다.

"이미 정분을 나눈 남자가 있습니다. 지금 멀리 가 있어 생사를 알지 못하니 기다릴 뿐입니다."

태수가 더욱 몸이 달아 "그 남자가 누구냐"고 물어도 대답하지 않았다. 그래서 태수가 "누군지 밝히지 못하는 것을 보면 아무래도 그놈이 고구려 첩자렷다"라며 화를 내고 한주를 옥에 가두어버렸다. 그리고 자신의 생일날까지 한주가 수청을 들지 않으면 사형을 시키겠다고 협박했다.

한편 고국에 돌아가 왕이 된 흥안은 한주의 소식이 몹시도 궁금해 첩자를 보냈다. 그가 돌아와 한주가 수청을 거부하다 태수의 생일날 사형당한다고 알려왔다. 다급해진 안장왕이 장군들을 소집했다.

"누가 개백현을 공략하고 한주를 구해줄 것인가. 그에게 만호후萬戶侯를 내릴 것이다."

누구도 선뜻 나서지 않고 머뭇거릴 때 왕의 여동생 안학安鶴공주와 사랑하던 을밀乙密 장군이 나섰다.

"대왕! 소신은 만호후도 필요 없습니다. 안학공주와 결혼만 허락해 주십시오."

을밀과 안학의 결혼을 을밀의 집이 미천하다 하여 왕이 반대하고 있었다. 왕도 역시 미천한 신분의 한주를 그토록 사랑하면서 왜 자신들의 사랑은 허락하지 않느냐는 뜻도 담겨 있었다. 왕이 허락하자 을밀이 전략을 내놓았다.

"신이 해군 5,000으로 출항해 개백현을 칠 것입니다. 대왕께서 천천히 육로로 대군을 거느리고 오시면 한주를 만나시게 될 것입니다."

그리고 비밀결사대 20명을 선발해 광대복을 입히고 옷 속에 무기를 감추게 한 후 백제태수의 생일에 맞춰 먼저 개백현 관청으로 들여보냈다. 이들을 알아보지 못한 태수가 한주를 포박한 채로 자신의 생일잔치를 즐기고 있었다. 태수가 마지막으로 한주에게 물었다.

"어떠냐? 이번이 마지막이다. 네가 수청에 응하면 오늘이 내 생일날뿐 아니라 네 생일날도 될 것이야. 아니면 너의 제삿날이 되리라."

그때 한주가 「단심가丹心歌」를 조용히 읊조렸다.

이 몸이 죽고 죽어

백골이 진토 되어 넋이야 있건 없건

임 향한 일편단심이야

가실 줄이 있으랴.

신채호는 『해상잡록海上雜錄』을 인용해 훗날 정몽주가 한주의 「단심가」를 인용해 이방원의 「하여가」에 답했다고 한다. 한주의 완강함에

태수는 노기 띤 목소리로 "당장 저년의 목을 치라!"고 소리쳤다.

그때였다. 무객舞客으로 가장해 잔칫상의 흥을 돋우던 을밀의 비밀 결사대원 20명이 순식간에 칼을 빼 빈객賓客들을 죽이며 고함쳤다. 고구려군 10만이 삽시간에 성안에 들어왔다. 주민들이 우왕좌왕하는 틈을 타 을밀이 군사를 몰고 들어와 한주를 풀어주었다.

얼마 후 안장왕이 도착해 한주와 상봉했고 한주는 한씨 왕후가 되었다. 고구려의 왕과 적국인 백제 향촌 처녀의 국경을 넘나든 사랑이 결실을 맺은 것이다. 또한 고구려의 영토도 확장되었다. 사랑과 승리를 쟁취한 안장왕은 을밀과 여동생 안학공주의 신분의 벽을 깨는 결혼도 허락했다.

『일본서기』에 안장왕과 왕후 한씨 사이에 왕자 복귀군福貴君을 두었는데, 일본으로 망명했다고 나와 있다. 아마도 안장왕이 왕권 다툼 과정에서 피살되고 안장왕의 동생 안원왕이 즉위하는 과정에서 망명 사태가 일어났을 것이다.

리더도 사람인지라 조직에 영향을 주는 대상과도 사랑할 수는 있다. 그런 리더의 로맨스는 직원들끼리의 연애와 비교도 안 될 만큼 조직에 큰 영향을 준다. 고구려 안장왕이 태자 시절 적국의 처녀와 사랑을 나누었다는 것은 부적절한 사랑에 빠졌다고 볼 수 있다. 리더도 그런 사랑을 할 수 있다. 그러나 그럴 경우 사랑의 핑크빛이 연인에게만 물들어야지 조직 전체를 물들게 해서는 안 된다. 한마디로 공과 사를 구별해야 되는데 쉽지는 않다. 조직과 사랑이 부딪칠 때 조직을 우선순위에 둘 수 있다면 리더 자리에 머물러도 되지만 그렇지 않으면 리더를 그만두는 것이 옳다.

리더가
사랑에 빠졌을 때
점검할 사항

1. 자신과 조직과 연인을 예전처럼 객관화해서 바라볼 수 있는가.

   사랑의 눈이 연인에게만 멀어야지, 조직을 보는 시각까지 가려져서는 안 된다.

2. 사랑에 취해 있더라도 조직의 변화가 필요할 때 단행할 수 있는가.

   그만큼 조직의 진화에 열정과 시간을 투자할 수 있느냐는 것이다.

3. 필요하다면 조직을 위해 사사로운 정을 버릴 수 있는가.

   화랑 김유신이 리더의 길을 준비할 때였다. 주막에 다니다가 천관녀天官女라는 기녀와 사랑에 빠졌다. 어머니 만명부인萬明夫人이 이를 알고 "나라에 큰 공을 세워야 할 네가 어찌 밤낮 술과 기녀만 쫓아 다니느냐?"라며 꾸짖었다. 그 뒤 김유신이 천관녀를 멀리했는데 어느 날 술 취한 자신을 태운 말이 습관처럼 천관녀의 주막으로 가서 멈춰 섰다. 정신을 차린 김유신이 그 자리에서 말의 머리를 베었다.

16

연개소문의
죽음과
조직 리바이벌

한국사의 가장 아쉬운 장면
– 연개소문 승계자들의 내분

당 태종은 연개소문에게 패배한 치욕을 떠올리며 "다시는 고구려를 침공하지 마라"는 유언을 남기고 죽었다. 뒤이어 즉위한 고종은 전략을 바꾸어 대규모 전쟁보다 소규모로 고구려 변경을 치고 빠지며 고구려의 국력을 소모시켰다.

동시에 당나라는 고구려 정복 작전의 일환으로 배후의 신라를 도와 660년 7월 백제를 멸망시켰다. 그 후 소정방의 백제 정벌 주력부대를 고구려 공격으로 전환했다. 하지만 고구려를 타도하지 못하고 "대설大雪이 왔다"는 핑계를 대는 등 자꾸 후퇴했다.

적어도 연개소문이 건재한 동안은 당나라의 공격이 흐지부지되었다. 하지만 연개소문이 죽은 665년 이후 상황은 완전히 달라진다. 일단 장남 남생이 대막리지가 되어 지방의 여러 성을 순행하기 위해 잠시 평양을 비우며 두 동생 남건과 남산에게 국정을 맡겼다.

특히 남건은 고당전쟁 때 혁혁한 전과를 올린 용장이었다. 남생의 반대파가 남건과 남산을 찾아와 남생과 이간질시키는 말을 했다.

"형이 두 동생을 제거하려고 합니다."

두 동생은 믿지 않았다. 그러자 또 남생 반대파가 사람을 시켜 남생을 찾아가서 꼬드겼다.

"당신이 도성으로 돌아오지 못하게 두 동생이 막고 있습니다."

남생이 의심이 들어 첩자를 보내 두 동생의 동태를 살펴보게 했다. 그런데 이 첩자가 그만 체포되었다. 그때부터 형을 의심하기 시작한 두 동생이 남생의 아들이며 자신들의 조카인 헌충獻忠을 제거하고 왕명을 빌어 남생을 불러들였다.

겁이 난 남생이 평양에 들어가지 않고 국내성에 웅거하며 아들 헌성獻誠을 보내 당나라에 투항했다. 당 고종이 얼마나 기뻐했을까? 그 자리에서 헌성을 우무위장군右武衛將軍에 임명하고, 남생은 평양도행군대총관平壤道行軍大總管으로 발령 냈다.

그리고 계필하력契苾何力에게 군대를 주며 국내성으로 달려가 이를 알리게 했다. 당 고종이 자신을 후대하자 남생은 가물성哥勿城, 창암성倉巖城, 남소성南蘇城까지 당나라에 바쳤다.

고구려의 상황이 점차 불리해지는 가운데 연개소문의 동생 연정토淵淨土마저 남쪽 12개 성을 가지고 신라 문무왕에게 투항했다. 당나라가 그토록 피를 흘리며 공격해도 철옹성이던 고구려의 성들이 우수수 넘어갔다.

고구려가 내부부터 붕괴되기 시작하자 당나라는 거국적으로 다시 침략한다. 고구려에서도 대막리지가 된 남건이 총지휘관이 되어 맞서 싸우기 시작했다.

667년 당나라 이세적이 지휘하는 대군이 요동 너머 각 성을 차례로 정복하며 평양성을 향했다. 이에 신라도 호응하며 아래에서 평양성을 공격한다.

668년 고구려와 나당연합군의 싸움이 절정을 이룰 때 시어사侍御史 가언충賈言忠이 일시 당나라로 돌아가 고종에게 전황을 아뢰었다.

"지난날 고구려에 틈이 없어 뜻을 이루지 못했습니다. 지금은 남생 형제의 다툼으로 내부 사정을 훤히 알 수 있게 되었습니다. 그래서 우리가 반드시 고구려를 이길 것입니다."

가언충의 말처럼 고구려의 마지막 몇 년 동안에는 내부 기밀을 당나라와 신라에 빼돌리는 일이 빈번히 일어났다. 고구려의 평양성이 무너진 것도 그 때문이다. 나당연합군이 아무리 협공해도 1년 이상 버티던 평양성이 남건의 신임을 받아 주요 군무軍務를 맡았던 승려 신성信誠이 이세적과 내통하면서 무너졌다. 승려 신성이 소장小壯인 오사烏沙와 오묘饒苗를 은밀히 불러 당나라에게 내응하기로 약조하고 성문을 열어준 것이다.

창업보다 수성이 어렵다易創業 難守成.

묘하게도 연개소문과 악연이 있던 당 태종의 말이다. 연개소문이 정병을 일으켜 대권을 잡고 대당 강경정책을 펴며 일단 고구려라는 하드웨어를 잘 지켜내었다.

그다음에는 무엇이 필요할까? 하드웨어적 요소가 갖추어진 다음에 전사적 차원에서 수많은 프로젝트를 통합 관리하는 PMO(project management office) 운영, 유지, 보수, 권한 이양 등의 소프트웨어적 요소를 구비해야 한다.

천하무적인 것처럼 보였던 연개소문의 유일한 실책은 불분명한 후계 구도였다. 진정한 성공은 현실성 있는 후계 구도의 완성이다. 모용외와 고국원왕이 후계자를 선정할 때는 문화와 후보자들의 자질과 성격, 파급 효과까지 충분히 고려해 결정했다. 그런데 현 상황과 역사 인식에 정확했던 연개소문이 지나친 자식 사랑 때문에 후계 구도를 흐트러뜨렸다.

연개소문은 수직적 질서에 대단히 민감한 고대 사회의 특성을 외면하고 남생, 남건, 남산 세 아들에게 권력을 분산시켜주고 군사 요직도 고루 맡겼다. 이것이 권력투쟁의 빌미가 된 것이다. 이에 비해 칭기즈 칸은 성공적으로 후계 구도를 정착시켰다. 죽기 전 아들들을 불러 화살을 부러뜨리게 하며 단합을 강조한 일화도 있을 만큼 우애를 강조했으며, 또한 그 우애가 가능하도록 멀찌감치 떨어진 곳의 영토를 사등분해 상속했다.

리더라면 이이제이의 난무亂舞를 꿰뚫어볼 줄 알아야 한다. 이이제이는 정략의 세계에서 기본이다. 적의 친구를 적의 적으로 만든다면 적을 공격하기가 훨씬 수월해진다. 사소한 오해로 인해 불신이 쌓여 돌연히 배신자가 되지 않도록 유의해야 한다. 남생, 남건, 남산 형제는 서로를 신뢰하기보다 간교한 자의 세 치 혀에 넘어가 고구려를 무너뜨렸다.

고구려의 자체 붕괴 장면을 보며 자연히 이런 의문을 갖게 된다. 만일 연개소문의 승계자들 사이에 내분이 없었다면, 그들이 일치해 당과 신라의 연합군을 잘 막아냈다면 어땠을까? 이에 대한 가상의 답은 이렇다. 고구려가 붕괴될 당시 당나라 황제가 고종이었다. 그는 매우 심약한 황제였으며 워낙 비만해 가마를 타야만 움직일 수 있을 정도였다. 당시 실세는 측천무후則天武后였다. 본래 이름은 무조武曌로 태종의 후궁이었으나 태종이 죽자 감업사의 여승으로 출가해야 했다. 그런 무조를 고종이 환속시켜 품에 안은 것이다. 연개소문이 세상을 떠나던 665년경 무조는 황후가 되기 위해 자신이 낳은 딸을 목 졸라 죽여놓고 황후가 죽인 것처럼 꾸몄다. 이 때문에 황후가 폐서인되고 무조가 황후가 되어 황실 안에 피바람에 일고 있었다. 고구려의 후계 승계만 제대로 되었다면 주몽의 다물 정신을 광개토대왕에 이어 다시 한 번 실현시킬 절호의 찬스였던 것이다.

대조영
– 패장에서 창업주로

고당전쟁기에 십대 후반의 대조영大祚榮도 당나라와 치열하게 싸웠다. 고구려가 패배하고 난 후 당나라의 고구려 유민 분산 정책으로 대조영도 부친 대걸걸중상大乞乞仲象과 함께 요하 서쪽의 영주榮州 지역으로 이주해야 했다.

교역의 중심지이며 돌궐족, 거란족, 말갈족 등이 섞여 사는 이곳에서 대조영 부자는 옛 고구려 주민이었던 말갈족의 추장 걸사비우乞四比羽 등을 포섭하면서 기회를 보고 있었다. 그런데 696년 거란의 가한可汗 이진충李盡忠이 반란을 일으켜 영주 도독 조문홰趙文翽를 죽인다.

영주가 통제 불능 상태에 빠지자 대조영 부자는 고구려 유민을 데리고 만주 쪽으로 탈출했다. 측천무후가 이들을 회유하려고 대걸걸중상을 진국공震國公에, 걸사비우를 허국공許國公에 봉했으나 거절했다. 당나라는 곧바로 대군을 보내 추격했다. 후방에서 걸사비우가 맞서 싸우다가 전사했다.

대걸걸중상도 중상을 입고 회복되지 못했다. 그래도 유민들은 대조영을 중심으로 단결했고, 추격해오는 당나라 군대를 천문령天門嶺으로 유인해 고구려의 전통적인 매복 전략을 폈다.

기세 좋게 달려오던 당나라 군대를 천문령의 험한 요새에 숨어서 기다리던 고구려군이 급습했다. 이것이 698년 천문령대첩이다. 여기서 완패한 당군은 연개소문이 대조영으로 환생한 듯한 느낌을 받았을 것이다. 연개소문 트라우마가 살아나자 당나라는 감히 대조영군을 추격할 엄두를 내지 못했다.

마침내 고구려 장수 출신 대조영은 읍루挹婁의 땅이었던 동모산東牟山에 성을 쌓고 나라를 세웠다. 조국 고구려가 망한 지 30년 만이었다. 이로써 남북국시대(신라, 발해)가 열렸다. 대조영의 아들 대무예가 발해의 2대 무왕武王(재위 719~737)인데 고구려 초기의 정복군주 대무신왕처럼 전설적인 전쟁 영웅이었다.

대무신왕의 활약으로 고구려가 비상한 것처럼 대무예의 야심찬 확장책으로 발해도 크게 성장했다. 즉위 초부터 구다족, 개마족, 유구, 실위 세력 등을 정복해나갔다. 또한 동생 대문예를 시켜 발해와 관계를 단절하고 당나라 노선을 따르려는 흑수말갈의 추장 예속리계倪屬利稽

고구려의 기와(왼쪽)와 발해의 막새기와(오른쪽). 고구려 기와의 제작 방식, 무늬, 구조 등 문양 요소가 고스란히 이어졌다. 국립중앙박물관 소장.

를 치게 했다. 그러나 친당파인 대문예는 당나라와 전쟁을 유발할 수 없다며 당나라로 망명했다.

무왕은 당나라에 대문예를 돌려보내라고 요구했지만 거절당하자 자객까지 보냈으나 실패했다. 당은 발해의 정세 여하에 따라 친당파인 대문예를 발해왕에 즉위시키기 위해 대문예를 보호했다. 이것이 중국의 전통적인 주변국 관리 방식이다.

당나라가 발해를 조기에 굴복시킬 계책을 꾸미기 시작하자 무왕이 먼저 당나라를 공격했다. 압록강 하구에서 수군을 보내 산동반도에 있던 당나라의 국제무역항 등주를 점령했다. 더 당할 수만은 없었던 당나라도 신라에게 발해의 남쪽 변경을 침략하라고 요구하고 자신들은 발해 서쪽 변경을 공격했다.

신라 33대 성덕왕聖德王이 5만 군대를 출병시켰다. 고구려를 협공했던 것처럼 발해를 협공하기 위해 제2의 나당연합군이 형성된 것이다. 그러나 신라 5만 군사가 공격하러 가던 도중 큰 눈과 강추위를 만나 수많은 동사자를 내고 철군해야 했다. 당나라 역시 아무 성과도 얻지 못하고 퇴각했다. 무왕은 발해 건국 30주년을 맞이해 727년 8월에 일본과 국교를 맺으며 국서를 통해 발해의 정체성을 만천하에 공표했다.

고구려의 옛 영토를 회복하고, 부여의 풍속을 따르고 있노라復高麗之舊居 有扶餘遺俗.

대조영식 기업가 정신의 핵심은 2가지였다.

첫째, 불가능한 문제를 가능한 질문으로 바꾸었다. 고구려의 패장이었던 대조영이 발해를 일으키는 과정도 그렇다. 당나라의 강제 이주 정책으로 고국을 떠나 영주로 갔다. 패전국의 장수가 신왕조를 일으키기에 불가능한 영주를 떠났다. 그리고 당나라의 손길이 쉽사리 미치지 못하는 낯선 동모산으로 향했다. 지금 당면한 문제에 해답을 내는 것이 불가능하다면 다른 질문을 설정하고 풀어가는 것이 기업가 정신이다.

저성장에 시달리는 완구사업에서 승승장구하고 있는 업체가 레고 Lego다. 그러나 레고 역시 한때는 디지털 게임기에 밀려 매출이 급락했었다. 회사는 고민에 빠졌다.

"어떻게 해야 아이들이 디지털 기기보다 좋아할 장난감을 만들 수 있을까?"

아무리 고민해도 디지털 기기를 따라잡을 해법을 못 찾았고 급기야 파산 위기에 직면했다. 이때 질문을 바꾸었다.

"아이들은 놀이에서 무엇을 얻고자 하는가?"

대답은 '자극과 성장과 자신감'이었다. 디지털 기기와 경쟁이 아니라 제품마다 이야기와 캐릭터가 있으며 사용자가 자기의 스토리도 만들 수 있도록 했다. 당연히 대성공을 거두었다.

둘째, 회생 불가능한 터전에 대해 미련을 버려라. 패망한 나라의 장군처럼 세상이 허망하게 보이는 경우가 어디에 있을까? 대조영의 처지가 그랬다. 잘나가던 기업의 리더였다가 내부 분열로 기업이 분해된 후 그 기업의 리더였다는 것 자체를 숨기고 살아야 하는 경우와 같았다.

대조영은 그런 아픔을 30년간 참으며 기어이 발해를 세워 후에 해동성국이라는 평가까지 받게 된다. 대조영은 재기가 불가능한 터전에 미련을 버리고 다른 분야로 나가는 기업가 정신을 보여주었다. 척박한 동모산을 새로운 터전으로 삼고 고구려를 쓰러뜨린 당나라와 견줄 수 있는 나라를 만들었다. 멋진 패자 부활이다.

대조영처럼 무에서 유를 창조한 혁신적 기업가들에게는 3가지 공통점이 있다. 바로 슘페터가 말한 3가지 동기를 품고 있는 것이다.

1) 사적 제국을 건설하려는 강력한 몽상과 의지.
2) 기어이 승리하려는 욕구.
3) 창조의 환희.

슘페터는 이 3가지가 기업가를 추동한다고 보았다. 고구려라는 필드가 폐기되었을 때 대조영은 남은 자원인 유민들을 생산적으로 배분해 거대 제국을 건설했다.

고구려 부흥운동

2,000년 고조선에 이어 주몽이 세운 700년 고구려가 내부 분열로 멸망했다. 그렇지만 고구려만큼 유구한 역사를 지닌 국가는 세계 역사에서 유례를 찾기 힘들다. 그런 응집력으로 고구려 유민들이 고구려 부흥운동을 전개한다.

한편 당나라는 평양에 안동도호부安東都護府를 설치하고, 그 아래 고구려 전역에 9개의 도독부都督部를 두었다. 또한 고구려인들의 저항을 원천 봉쇄하기 위해 저항 가능성이 보이는 인물 등 20만 명을 포로로 잡아갔다. 평양에 당군 2만 명을 주둔시켰고, 도독부의 도독 등, 각 지방의 수장에 고구려인과 당나라인을 같이 선정했지만 실제로 당인이 지배할 수 있게 했다.

이렇게 해도 압록강 이북의 중국 방향에 있던 고구려의 성 중 과반이 넘는 28여 개의 성이 당나라에 항복하지 않고 있었다. 이 성들이 중심이 되어 고구려 부흥운동을 전개했다. 670년 4월 검모잠劍牟岑이 연정토의 아들이며 보장왕의 외손자인 안승安勝을 고구려 왕으로 세우며 한성漢城(재령)을 중심으로 고구려 재건을 시도했다. 그때 검모잠이 신라에 다음과 같은 편지를 보냈다.

"망한 나라를 세워주는 것이 천하의 공의公義입니다. 바라건대 울타리가 되어주소서."

당시 당나라와 일전을 각오했던 통일신라가 장군 설오유薛烏儒와 1만여 군사를 보내왔다. 이에 힘을 얻은 고구려장군 고연무高延武가 부흥군 1만여 명과 함께 요동 지역으로 달려가 당나라 휘하의 말갈족 부대를 격파했다. 이 소식을 들은 당나라가 대군을 보내자 그 어마어마한 숫자에 놀란 고연무의 부흥군과 신라 원정군이 퇴각했다.

드디어 671년 안시성에 부흥의 불길이 치솟으며 요동 지역 부흥운동의 중심지가 된다. 이런 가운데 고구려 부흥군 사이에 당나라 토벌군과의 전쟁을 앞두고 어떤 전략을 채택할지 이견이 생겨 다투었다.

이 일로 안승이 검모잠을 죽이고 4,000호가 넘은 백성을 데리고 통일신라의 익산으로 옮겼는데, 남은 부흥군은 당의 장군 고간高侃부대에게 완전히 토벌당했다.

그동안 고간의 4만 대군과 싸우면서도 잘 버티던 안시성도 처절한 저항 끝에 당나라에 접수당했다. 안시성의 함락으로 고구려 부흥군의 요동 활약이 크게 약화되었다.

그 대신 고구려 부흥군은 672년 12월부터 평양 인근의 한시성과 마읍성 등에서 당나라 고간부대와 대결한다. 신라에서 구원병까지 보냈지만 패배했다.

고구려 유민의 저항이 끈질기게 계속되자 당나라가 677년, 내지 깊숙이 유배해두었던 보장왕을 요동주도독조선왕으로 봉해 고구려 유민을 회유하기 시작했다. 이때부터 고구려 유민의 항쟁 의지가 한풀 꺾인다.

그럼에도 11개 성이 회유되지 않자 보장왕이 마음을 바꿔 이들을 말갈과 묶은 뒤 고구려 재건을 시도한다. 이에 당이 보장왕을 소환해 공주邛州(사천성)에 유배 보냈다. 이때 고구려 장수 대조영이 발해를 건국하자 고구려 부흥운동의 일원들이 모두 발해의 깃발 아래 흡수되었다.

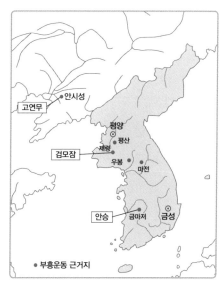

고구려 부흥군과 부흥운동의 거점

고구려 부흥운동의 핵심인물은 안승과 검모잠이었다. 이들 사이에 내분이 일어나며 부흥의 역동력이 급감했다.

부흥운동, 즉 조직 재건에 필요한 가이드는 다음과 같다.

첫째, 강력한 구심점이다. 망해버린 나라, 즉 조직을 다시 살리는 것은 90도 이상 기울어진 운동장 하부에서 경기하는 것보다 훨씬 어렵다. 한 사람의 힘이 아쉽기도 하고 한 사람의 농간만으로도 주저앉게 된다. 이를 묶어주는 강력한 구심력이 필요하다. 구성원들이 자발적으로 헌신해야 하기 때문에 연개소문 같은 카리스마 리더십보다는 유비 같은 동기 유발 리더십이 더 긴요하다.

둘째, 기존 조직의 프로세스를 원천적으로 재설계한다. 과거 조직에 대한 향수를 버리고 피라미드식 계층 구조를 대폭 축소해야 한다. 업무 처리 과정도 여러 단계를 거치는 것이 아니라 동시 또는 병렬 처리하며 기동성과 순간 대응력을 높여야 한다.

셋째, 기존 조직이 왜 실패했는지 그 사례를 살펴보고 성공의 지혜를 구한다. 부흥운동의 일원, 특히 핵심층은 과거 조직의 관성에 깊이 젖어 있는 인물일 가능성이 크다. 이들은 자신도 모르게 과거의 실패를 답습할 수 있다. 이런 리스크를 방지하기 위해 과거의 실수와 실패를 철저히 분석하고 지속적인 부흥 기반을 다져야 한다.

망해버린 조직을 되살리는 것은 불가능한 일은 아니다. 하지만 조직도 인간처럼 탄생 – 성장 – 성숙 – 소멸의 주기가 있어서 기울어버린 조직을 회생시키는 것이 새로운 조직을 만드는 것보다 훨씬 힘들다.

그럼에도 다시 세워보겠다면 기존 조직의 관성을 백지화해야 한다. 고구려 부흥운동의 내분 과정을 참조하라. 연정토의 아들 안승이 자신을 추대한 검모잠과 다투다가 검모잠을 죽이면서 부흥운동의 불씨가 사그라지기 시작했다. 안승은 검모잠의 전략을 추인하고 적극 밀어주었어야 했다. 그러나 왕실 후손이라는 자만심을 버리지 못했다. 조직 재건의 요체는 과거 번창 시의 기존 프로세스를 스타트업 구조로 재설계해 피라미드식 구조를 업무 실현 중심으로 전환하는 것이다.

조직 재건 시 참조해야 할 7가지 원칙

1. 조직의 재건 전략은 현장 실행력 중심으로 채택한다.

2. 전략의 용어와 절차는 구성원 모두가 한눈에 파악할 수 있게 한다.

3. 현 상황에서 할 수 있는 일이 무엇인지를 객관적으로 파악한다.

4. 너무 많은 것을 한꺼번에 하려 하지 말고 사소하지만 구태의연한 방식과 차이가 나는 것을 시도하며 그 성과를 누적시켜가야 한다.

5. 탁월한 개인의 역량에 기대려 말고 평균 정도의 구성원으로 조직 역량을 길러 우수한 성과를 내도록 해야 한다.

6. 조직의 특수성을 고려하라. 경쟁 조직에서 성공한 전략이라도 조직에 독이 될 수 있다.

7. 무엇을 해야 하고 무엇은 하지 말아야 하는지가 모든 전략의 기본임을 명심한다. 『손자병법』에 '무소불비 즉무소불과無所不備 卽無所不寡'라 했다. 모든 것을 지키려 하면 모든 것이 약해진다.

참고 문헌 ━━━━━━━━━━━━━━━━━━━━━━━━━━

자료

『구당서舊唐書』

『사기史記』

『삼국사기三國史記』

『삼국유사三國遺事』

『삼국지三國志』

『신당서新唐書』

『일본서기日本書紀』

『자치통감資治通鑑』

『한서漢書』

『후한서後漢書』

논문

공석귀, 「고구려의 요동 진출사 연구」, 충남대학교 석사학위 논문, 1983년.

윤명철, 「고구려 해양교섭사 연구」, 성균관대학교 박사학위 논문, 1993년.

이병도, 「고구려 동황성고」, 『동국사학』4, 1956년.

이옥, 「고구려의 정복과 작위」, 『동방학지』27, 1981년.

정영호, 「중원고구려비의 발견 조사와 연구 전망」, 『사학지』13, 1980년.

조좌호, 「위지동이전의 사료적 가치」, 『대동문화연구』13, 1979년.

단행본

강만길·이우성 편, 『한국의 역사인식 상·하』(창작과비평사, 1985).

경성대학조선사연구회, 『조선사 개설』(홍문서관, 1949).

광개토대제기념사업회, 『광개토대왕과 제국의 경영』(광개토대제기념사업회, 2009).

국사편찬위원회, 『한국사론 17』(국사편찬위원회, 1987).

김기흥, 『고구려 건국사』(창작과비평사, 2008).

김동화, 『삼국시대의 불교 사상』(고려대학교 아세아문제연구소, 1964).

김성호, 『비류백제와 일본의 국가 기원』(지문사, 1982).

김정배, 『한국민족문화의 기원』(고려대학교출판부, 1980).

연변대학발해사연구실, 『발해사 연구』(연변대학교 출판사, 1993).

서병국, 『발해, 발해인』(일념, 1990).

서영교, 『고구려, 전쟁의 나라』(글항아리, 2007).

송기호, 『발해를 다시본다』(주류성, 2008).

신채호, 박기봉 옮김, 『조선상고사』(비봉출판사, 2006).

유득공, 김종성 옮김, 『발해고』(위즈덤하우스, 2017).

윤경훈, 『실패에서 배우는 경영』(한국능률협회컨설팅, 2016).

이근우, 『고대 왕국의 풍경, 그리고 새로운 시선 』(인물과사상사, 2006).

이기백, 『한국사 신론』(일조각, 1990).

이도학, 『백제사』(푸른역사, 1997).

이만열, 『삼국시대사』(지식산업사, 1976).

이옥·주용립·지병목, 『고구려 연구』(주류성, 1999).

임병주, 『삼국왕조실록』(들녘, 1998).

천관우, 『가야사 연구』(일조각, 1991).

천관우, 『한국 고대사』(정음문화사, 1982).

최몽룡·최성락, 『한국고대국가 형성론』(서울대학교출판부, 1999).

한국고대사연구소, 『한국고대사 논총』(가락국사적개발연구원, 1991).

한국고대사연구회 고대사 분과, 『한국고대사 산책』(역사비평사, 1994).

한국사회사연구회, 『한국 고·중세 사회의 구조와 변동』(문학과지성사,
       1988).

한국역사연구회, 『고구려 왕조 700년사』(오상, 1997).

홍성태, 『모든 비즈니스는 브랜딩이다』(쌤앤파커스, 2012).

번역서

김위찬·르네 마보안, 안세민 옮김, 『블루오션 시프트』(비즈니스북스, 2017).

사이먼 사이넥, 이영민 옮김, 『나는 왜 이 일을 하는가』(타임비즈, 2013).

사토 료, 강을수 옮김, 『원점에 서다』(페이퍼로드, 2007).

조지프 슘페터, 변상진 옮김, 『자본주의·사회주의·민주주의』(한길사, 2011).

존 코터 외, 현대경제연구원 옮김, 『변화관리』(21세기북스, 1999).

짐 콜린스 외, 임정재 옮김, 『짐 콜린스의 경영전략』(위즈덤하우스, 2004).

짐 콜린스, 이무열 옮김, 『좋은 기업을 넘어 위대한 기업으로』(김영사, 2002).

피터 드러커, 권영설·전미옥 옮김, 『피터 드러커의 위대한 혁신』(한국경제신문, 2006).

필립 코틀러·발데마 푀르치, 김민주·김선희 옮김, 『B2B 브랜드 마케팅』(비즈니스맵, 2007).

외국 도서·잡지

Adam M. Grant, 『Originals』(Penguin Books, 2017).

Bill George, 『True North』(WILEY, 2007).

Ciaran Walsh, 『Key Management Ratios』(PITMAN, 1996).

Ethan M. Rasiel, 『The McKinsey Way』(McGrawHill, 2000).

Harry Kreisler, 『Political Awakenings』(New Press, 2010).

『Harvard Business Review』, September 2016; May 2017.

Janiel L. Smith, 『Creating Competitive Advantage』(Doubledy, 2006).

John R. Katzenbach·Douglas K. Smith, 『The Wisdom of Teams』
    (HarperBusiness, 1994).

Lester R. Bittel, 『Leadership』(WATTS, 1984).

Phlip Kotler, 『Marketing 3.0』(WILEY, 2010).

Steve Smith etc, 『Foreign Policy』(Oxford University, 2016).

고구려에서 배우는 경영 전략

ⓒ 석산, 2018

초판 1쇄 2018년 7월 25일 찍음
초판 1쇄 2018년 7월 30일 펴냄

지은이 | 석산
펴낸이 | 이태준

기획·편집 | 박상문, 박효주, 김환표
디자인 | 최원영
관리 | 최수향
인쇄·제본 | 제일프린테크

펴낸곳 | 북카라반
출판등록 | 제17-332호 2002년 10월 18일

주소 | (04037) 서울시 마포구 양화로 7길 4(서교동) 삼양E&R빌딩 2층
전화 | 02-325-6364
팩스 | 02-474-1413
www.inmul.co.kr | cntbooks@gmail.com

ISBN 979-11-6005-054-7 03320
값 14,000원

이 도서의 국립중앙도서관 출판시도서목록(CIP)은 서지정보유통지원시스템 홈페이지
(http://seoji.nl.go.kr)와 국가자료공동목록시스템(http://www.nl.go.kr/kolisnet)에서
이용하실 수 있습니다. (CIP제어번호: CIP2018022316)